Dieta de desintoxicación de azúcar para limpiar el cuerpo

La mejor guía para restablecer y limpiar el sistema para principiantes- Programa de desintoxicación natural de azúcar de 30 días

Perder peso y sentirse bien (¡sin volverse loco y luchar contra los antojos!)

Por *Isabella Evelyn*

Para obtener más libros de gran visita:
EffingoPublishing.com

Descargar otro libro gratis

Queremos agradecerle por comprar este libro y ofrecerle otro (tan largo y valioso como este), "Errores de Estado Físico y de Salud que no Sabes que Estás Cometiendo ", completamente gratis.

Para inscribirse y recibirlo, visite el siguiente enlace:

www.effingopublishing.com/gift

En este libro, analizaremos los errores más comunes de salud y acondicionamiento físico, que usted está probablemente cometiendo en este momento, y le revelaremos cómo puede ponerse fácilmente en la mejor forma de su vida.

Además de este valioso regalo, también tendrá la oportunidad de recibir nuestros nuevos libros gratis, participar en sorteos y recibir otros valiosos correos electrónicos de nuestra parte. De nuevo, visite el enlace para registrarse:

www.effingopublishing.com/gift

ÍNDICE

Introducción 9

Capítulo 1: Lo que el azúcar hace a su cuerpo 13

Capítulo 2: ¿Por qué se debe reiniciar el azúcar? 26

Capítulo 3: Los Beneficios De Hacer Una Dieta De Desintoxicación De Azúcar Para Limpiar Su Cuerpo 34

Capítulo 4: Cómo Prepararse Para El Programa De Desintoxicación De Azúcar 43

Capítulo 5: Qué Esperar De Este Programa De Desintoxicación De Azúcar De 30 Días 48

Capítulo 6: Cómo Hacer Una Desintoxicación De Azúcar En 30 Días........................54

Eliminar los alimentos inflamatorios 54

sustituir los alimentos desencadenantes por alimentos antiinflamatorios 57

Recetas para desayunos 60

Pancakes de calabaza con mantequilla de coco y vainilla y por "The 21-Day sugar detox" 60

Cazuela de pollo Buffalo para el desayuno 63

Desayuno clásico hecho sobre bandeja de horno 65

Huevos rellenos con tocino 68

Frittata de salchicha italiana 70

Quiches de queso cheddar ahumado y papa hechos en molde de muffins 72

Huevos fritos de cúrcuma crujientes 74

Pastel de limón y semillas de amapola por "Clean Eating with Katie " 75

Recetas para el almuerzo 77

Sopa cremosa de pesto y tomate en la Instant Pot por "PaleOMG" 77

Receta de sopa cremosa de puerro ... 79

Sopa de almejas paleo 81

Receta fácil de alitas de pollo Buffalo 84

Quiche sin corteza de hongos, espinacas y salchichas 87

Ensalada de Quinua y Atún enrollada en endivias 89

Sopa de verduras hecha en olla de cocción lenta 91

Pimientos rellenos de arroz de coliflor 93

Recetas para la cena 98

Pollo con batatas, Manzanas y Coles de Bruselas sobre bandeja de horno 98

Cordero asado con especias griegas . 101

Salmón hecho en 6 minutos 103

Pollo Chimichurri y judías verdes a la sartén 105

Fideos de calabacín con jengibre, sésamo y camarones 108

Albóndigas de zanahoria con arroz de coliflor y menta 110

Ensalada de frijoles negros sin cocinar 113

Wrap de lechuga con camarones Bang Bang 115

Merienda **118**

Muffins de calabaza con hierbas y piñones tostados 118

Crumble de manzanas Granny Smith 121

Batido de vainilla 123

Patatas fritas de berenjena al horno con queso de cabra 124

Galletas saladas de almendras..........128

Mordiscos de chocolate y banana sin hornear...131

Palomitas de coliflor con sal y vinagre 133

Alioli y chips de col rizada 135

Consejos Y Trucos Para Desintoxicación De Azúcar 138

Conclusión...144

Palabras finales 146

Introducción

¿Sabe cuánta azúcar consume en un día? Usted podría pensar que no es mucho, pero la verdad es que nosotros, como sociedad, consumimos mucho más azúcar de la que deberíamos. Los azúcares naturales, como los que se encuentran en las frutas, verduras, nueces y productos lácteos, no son dañinos. Los azúcares procesados, sin embargo, promueven una serie de problemas de salud que a menudo no percibimos hasta que sea demasiado tarde.

Muchos problemas de salud crónicos, como la obesidad, las enfermedades cardíacas y la fatiga común, pueden ser causados por dietas poco saludables, con alto contenido de azúcares y carbohidratos. Necesitamos abordar los problemas sistemáticos de nuestras dietas para recuperar nuestra salud y el control de nuestras vidas.

Este libro tiene como objetivo ayudarle a filtrar la información falsa y sesgada para comprender mejor la nocividad de las dietas crónicas con alto contenido de azúcar y así superar los hábitos poco saludables. Recuerde consultar a un médico antes de hacer cualquier cambio importante en su dieta, especialmente si tiene problemas de salud preexistentes: un cambio en la dieta puede añadir estrés adicional a su cuerpo.

Primero, analicemos el daño que el azúcar causa a su cuerpo. Se sabe que los alimentos dulces promueven las caries. Las calorías vacías nos conduce rápidamente a comer en exceso y a la obesidad, lo que a su vez lleva a un mayor riesgo de presión arterial alta, enfermedades cardíacas, colesterol, inflamación crónica y incluso cáncer.

A continuación le explicamos los beneficios de una desintoxicación de azúcar que le dará más energía. También notará que su piel se volverá más hermosa y dormirá mejor. Dado que puede experimentar síntomas de abstinencia de azúcar, le daremos toda la información y los consejos necesarios para ayudarle a combatir estos antojos y hacer que esta desintoxicación de azúcar sea un éxito desde el principio.

En este libro, le ofreceremos todas las herramientas que necesitará para comenzar este viaje de desintoxicación de azúcar. Le ayudaremos a recuperar su salud y su vida en sólo 30 días.

Además, antes de que empiece, os recomendamos <u>Unirse a nuestro boletín de noticias por correo electrónico</u> para recibir información actualizada sobre los próximos lanzamientos de libros y promociones. Usted puede inscribirse gratis, y como un bono, recibirá un regalo: nuestro libro «Errores de salud y condición física que no sabes que estás cometiendo». Este libro ha sido escrito para desmitificar, exponer lo que se debe y lo que no se debe hacer y finalmente equiparle con la información necesaria para estar en la mejor forma de su vida. Debido a la cantidad abrumadora de información falsa y mentiras contadas por las revistas y los autoproclamados "gurús", es cada vez más difícil obtener información fiable para ponerse en forma. A diferencia de tener que pasar por docenas de fuentes tendenciosas y poco confiables para obtener información sobre su salud y estado físico, hemos creado este libro de lectura fácil con todo lo que necesita saber para obtener resultados inmediatos y así alcanzar sus objetivos de acondicionamiento físico deseados en el menor tiempo posible.

Una vez más, para suscribirse a nuestro boletín electrónico gratuito y para recibir una copia gratuita de este valioso libro, por favor visite el enlace e inscríbase ahora: www.effingopublishing.com/gift

Capítulo 1: Lo que el azúcar hace a su cuerpo

Todos sabemos que el azúcar es la sustancia dulce que hace que su comida tenga un sabor más delicioso. Existen varios tipos de azúcar como el azúcar de caña, el azúcar morena, y ela zúcar en polvo. Todos estos azúcares entran en la categoría de azúcares procesados. Para explicarlo mejor, comencemos al nivel celular.

El azúcar es un carbohidrato simple que el cuerpo humano almacena en forma de glucosa, que puede descomponerse para obtener energía. Una vez descompuestos en sus formas más simples, todos los azúcares se procesan de la misma manera. Pero antes de llegar a ese punto, es precisamente en ese momento que los azúcares dañan su cuerpo sin que os deis cuenta.

Los dos tipos principales de azúcares son los azúcares naturales y los azúcares procesados. Los azúcares naturales se pueden encontrar en frutas, verduras y nueces. Cuando se comen en cantidades moderadas en su forma natural, los azúcares no son inherentemente dañinos para el cuerpo humano. Se usan como combustible para mantener el cuerpo en marcha. Es importante notar, sin embargo, que los azúcares no son la única fuente de energía para nuestros cuerpos. Todos los alimentos que consumimos se descomponen para ser utilizados como energía. Los azúcares, sobre todo los azúcares refinados, son una fuente de energía fácilmente procesable. Sin embargo, los azúcares refinados son producidos a menudo químicamente por los fabricantes de alimentos con los subproductos de la caña de azúcar. Los azúcares refinados también se utilizan como combustible, pero el consumo de azúcar refinado conlleva una serie de riesgos para la salud y, sin embargo, constituye una parte sorprendentemente grande de nuestra dieta. Los azúcares refinados se descomponen rápidamente y proporcionan poco valor nutritivo. En otras palabras, usted seguirá comiendo porque todavía tiene hambre a pesar de la gran cantidad de comida que comió antes (CTCA). Estos azucares refinados aumentan el consumo de calorías, interrumpen los procesos del cerebro e interfieren con muchos de los sistemas del cuerpo, lo que puede conducir a enfermedades crónicas. Debemos tomar medidas para reducir nuestro consumo de azúcar a niveles saludables para detener la progresión de las enfermedades no transmisibles y aumentar nuestra calidad de vida.

Consumimos azúcares naturales a través de frutas, verduras, lácteos y otras fuentes que hacen parte de una dieta saludable. Los azúcares añadidos son... añadidos. No se encuentran de forma natural en el producto acabado, y estos azúcares son particularmente perjudiciales para nuestra salud. Esto incluye cualquier cosa, desde la adición de azúcares naturales a una bebida o la adición de azúcares fabricados químicamente durante la producción de alimentos a escala industrial.

La dieta moderna es rica en alimentos procesados y azúcares refinados. El estadounidense promedio consume más de tres veces la cantidad de azúcar recomendada diariamente, y eso tiene ramificaciones significativas para nuestra salud. Existen otros nombres para los azúcares agregados en los productos como el azúcar morena, edulcorante de maíz, concentrados de jugos de frutas, jarabe de maíz con alto contenido de fructosa y la mayoría de las moléculas que terminan en -osa-dextrosa, lactosa, fructosa, sacarosa y muchas otras. Esa no es una lista exhaustiva. Evite los productos con esas palabras en la lista de ingredientes, y tenga en cuenta que si un alimento no contiene frutas o nueces, el azúcar que contiene el producto es añadido. Las etiquetas "sin azúcar" y "con bajo contenido de azúcar" significan que un producto contiene bajos niveles de azúcar por porción, pero incluso los alimentos con estas etiquetas contribuyen al exceso de azúcar en nuestras dietas (Sugar 101).

Esperamos que los alimentos como el chocolate y las gaseosas tengan un alto contenido de azúcares, pero ¿cuánto azúcar contienen verdaderamente ? El chocolate contiene una media de 62,6 g de azúcar por cada 100 g de chocolate. Eso significa que el chocolate es casi un 63% de azúcar. Los refrescos contienen 10,9 g/100 ml, casi un 11% de azúcar. Un vaso de vino promedio puede tener las mismas calorías que un trozo de pastel de chocolate. El ketchup de tomate contiene 27,5 g de azúcar por cada 100 g. Incluso productos como sopas enlatadas, aderezos para ensaladas y adobos para carne contienen azúcares añadidos (Top Sources of Added Sugar in Our Diet). Todos estos azúcares añadidos se suman rápidamente y tienen un efecto grave en nuestra salud.

El primer peligro que nos viene a la mente cuando hablamos del consumo de azúcar en grandes cantidades es la salud dental. Se sabe que el azúcar promueve las caries dentales. Y eso es cierto. El azúcar es en gran parte responsable de la caries dental. Las bacterias consumen el azúcar de la placa, que la utiliza como combustible, al igual que nuestro cuerpo, para producir un ácido que ataca y destruye el esmalte protector de los dientes. Rozan la superficie de los dientes y eventualmente causan agujeros o caries, que pueden incluso llevar a la extracción del los dientes. En Inglaterra, los casos de niños pequeños con caries aumentan cada día y a algunos incluso se les tiene que extraer la mayoría de sus dientes de leche antes de los cinco años. Las investigaciones de la OMS han demostrado que la caries se ralentiza cuando los azúcares procesados constituyen menos del 10% de la dieta diaria; sin embargo, mantener el consumo de azúcar por debajo del 5% se considera la mejor solución para su salud dental (Sugars and Tooth Decay).

Si los dientes podridos no son suficientes para asustarlo, otro efecto secundario importante de una dieta alta en azúcar es el riesgo de obesidad. Los azúcares procesados son altos en calorías y bajos en nutrientes. Se digieren rápidamente, dejándole hambriento, lo que te lleva a picar y asimismo a tener aun más azúcar en el cuerpo. Estas calorías vacías se absorben rápidamente en el torrente sanguíneo, lo que resulta en altos niveles de azúcar en la sangre. El exceso de calorías del azúcar se almacena en el cuerpo como grasa, lo que resulta en una rápida acumulación de grasa. Los altos niveles de azúcar en la sangre promueven la resistencia a la insulina, lo cual fomenta la obesidad y a menudo conduce a la presión arterial alta, poniéndolo a usted en riesgo de enfermedad cardiaca y apoplejía. Pero incluso si usted hace ejercicio regularmente para deshacerse de la grasa, todavía corre el riesgo de desarrollar problemas de salud debido a su dieta dulce (Kubala).

Varios estudios han demostrado una correlación inversa entre los azúcares de la dieta y el colesterol HDL. Cuanto más azúcar hay en la dieta, menos será el nivel de colesterol HDL. El colesterol bajo puede parecer algo bueno, pero hay diferentes tipos de colesterol. El colesterol "bueno" HDL trabaja para absorber el colesterol "malo" LDL, el que causa problemas de salud. Se habla menos de los triglicéridos, pero los niveles reaccionan de la misma manera a una dieta alta en azúcar que los niveles de colesterol LDL. Los niveles altos de triglicéridos y/o colesterol LDL aumentan el riesgo de desarrollar enfermedades cardiovasculares (equipo vascular). (Vascular Team).

Se sabe que la ingesta elevada de azúcar conduce a la presión arterial alta y a la inflamación crónica, dos predecesores de las enfermedades cardiovasculares. Un estudio publicado en 2014, por *JAMA Internal Medicine*, estableció una relación entre una dieta alta en azúcar y un mayor riesgo de muerte por enfermedad cardiaca. Los investigadores siguieron a los sujetos durante 15 años y encontraron que los hombres que obtenían entre el 17 y el 21% de sus calorías del azúcar procesado tenían un riesgo mayor de 38% de morir de enfermedad cardíaca que aquellos que obtenían sólo el 8% de sus calorías del azúcar procesado. Las enfermedades cardiovasculares; una condición caracterizada por el estrechamiento de los vasos sanguíneos, pueden llevar a ataques cardíacos, apoplejías y muerte (Harvard Health Publishing). ¿Quién iba a saber que un trozo de pastel de chocolate podría causar un ataque al corazón?

Aunque las investigaciones no han demostrado un vínculo directo entre las dietas azucaradas y el cáncer, hay muchos factores al consumir alimentos azucarados que pueden contribuir al riesgo de cáncer. Al igual que otras células de nuestro cuerpo, las células cancerosas se alimentan de glucosa. Sin embargo, a pesar de la idea equivocada común, el consumo de azúcar no acelera el crecimiento del cáncer. En cambio, el aumento de peso causado por las calorías vacías aumenta su riesgo de padecer trece tipos diferentes de cáncer, incluyendo cáncer de mama, próstata, uterino, colorrectal y pancreático. Y todavía puede haber un vínculo entre las dietas azucaradas y la enfermedad por otros medios (CTCA).

Un efecto secundario comprobado del alto consumo de azúcar, es que agrava la inflamación. La respuesta inmune inflamatoria natural del cuerpo a las lesiones es beneficiosa, pero las enfermedades crónicas son el resultado de una inflamación que persiste durante un largo período de tiempo. La respuesta natural es la inflamación e hinchazón en un área localizada después de una lesión. Sin embargo, la inflamación causada por las dietas altas en azúcar es una inflamación constante que puede agravar el dolor de las articulaciones e interferir con la respuesta inmunológica natural de su cuerpo. Esto significa que una dieta que promueve niveles no naturales de inflamación lo expone no sólo a la obesidad y a las enfermedades cardiovasculares, sino también a la diabetes, a la enfermedad de hígado graso no alcohólico, a los trastornos autoinmunes e incluso a los trastornos mentales (Dimitratos).

Además, las dietas azucaradas se han asociado con la enfermedad de Alzheimer. Un estudio con ratones mostró que los niveles de inflamación en el cerebro aumentaban más con una dieta alta en azúcar que con una dieta regular a medida que los ratones envejecían. La hinchazón del hipocampo y de la corteza prefrontal se asocia tradicionalmente con la enfermedad de Alzheimer, y se ha demostrado que una dieta que recuerda lo que comemos todos los días la promueve (Savage). ¿Queremos seguir comiendo de esa forma poco saludable que podría hacernos olvidar a nuestros hijos algún dia?

Además de todo esto, las dietas azucaradas se han relacionado con la enfermedad de Alzheimer. Un estudio realizado en ratones mostró que los niveles de inflamación en el cerebro aumentaron más con una dieta alta en azúcar que con una dieta regular a medida que los ratones envejecían. La hinchazón en el hipocampo y la corteza prefrontal están tradicionalmente asociadas con la enfermedad de Alzheimer, y una dieta que recuerda a la que comemos todos los días promovió esto (Savage). ¿Queremos seguir comiendo de la misma manera que estamos comiendo si eso significa que algún día olvidaremos incluso los nombres de nuestros hijos?

Los azúcares nos hacen sentir bien en ese momento, pero nos exponen a innumerables problemas de salud. Aún no hemos explorado todo el daño que el azúcar puede hacer a nuestra salud. Tampoco lo ha podido hacer la ciencia. Lo que sí sabemos es que el azúcar hace más daño que bien. Puede haber muchas más enfermedades causadas por las dietas de azúcar que aún no hemos descubierto. ¿Vale la pena consumir dulces que nos vuelven independientes, y arriesgarse a tener problemas de agotamiento, de obesidad y otros factores dañinos?

Capítulo 2: ¿Por qué se debe reiniciar el azúcar?

Hemos establecido que los azúcares son dañinos para nosotros pero ¿qué puedes hacer? Puedes reiniciar su nivel de azúcar. En pocas palabras, un restablecimiento del azúcar es una dieta que elimina todas las fuentes de azúcar de su dieta durante un período de tiempo. Esto significa que no se pueden comer postres dulces dañinos, ni bebidas inflamatorias endulzadas, y generalmente no se pueden comer alimentos procesados. En su lugar, comerá comidas saludables que habrá preparado. Al eliminar los alimentos inflamatorios y reemplazarlos con alimentos más saludables, usted permite que su cuerpo se cure del daño causado por una dieta crónica alta en azúcar.

De hecho, la mayoría de las personas en los países desarrollados, e incluso muchas que no lo son, consumen mucho más azúcar de lo que deberían. A menos que su dieta ya esté casi libre de azúcares procesados, puede beneficiarse de un reajuste del azúcar. Si usted pasa el día comiendo dulces, puede beneficiarse particularmente de una desintoxicación de azúcar.

La desintoxicación de azúcar está diseñada para eliminar el exceso de azúcares de su cuerpo, permitiéndole ajustarse a una dieta más natural. En lugar de optar por productos procesados adictivos, optará por alternativas más saludables y disfrutará de sus sabores naturales. Hemos establecido por qué el azúcar es dañino, así que veamos los beneficios de la desintoxicación del azúcar y la creación de una dieta bien equilibrada.

Cada día nos enfrentamos a innumerables opciones de alimentos. Diferentes sabores del mismo producto, diferentes marcas con diferentes contenidos calóricos, y restaurantes de comida rápida en cada esquina. Cuando los alimentos grasos y dulces ya no son una opción, sus opciones de alimentos de vuelven mucho más sencillas. En lugar de preguntarse si debe comer fuera o en casa, cocinar u hornear una pizza congelada en el horno, estará preparando una comida deliciosa y saludable. Cocinar en casa se convertirá entonces en una opción mucho más simple y conveniente.

Por supuesto, usted todavía tendrá muchas opciones de recetas para sus comidas. Pero ya no se sentirá abrumado por las posibilidades.

También podrá liberarse del control de la industria alimentaria. Con sus sabores artificiales y azúcares añadidos, la mayoría de los alimentos en las estanterías de los supermercados no son hechos para usted. Algunas personas incluso crean alimentos artificiales para engancharle. Cuando ya no tenga gana de comer estos alimentos no saludables, será libre de tomar sus propias decisiones informadas sobre su dieta y su salud. Tendrá un mejor entendimiento de lo que hace que tu cuerpo se sienta bien en comparación con lo que te da un subidón de dopamina que te hace querer volver a comer alimentos poco saludables.

Cada decisión que tomar afecta a su red social. Afecta a su cónyuge, a sus hijos, sus amigos y sus compañeros de trabajo. A pequeña escala, afecta a todo el mundo. Cuando usted toma medidas para eliminar el azúcar de su dieta, da un ejemplo positivo para todos los que lo necesitan tanto, si no más, que usted. Lo más probable es que las personas con las que interactúas diariamente sufren casi tanto como usted cuando se trata de comer alimentos dulces. Siendo el primero en intentarlo, usted establecerá un camino que otros seguirán. ¿No le gustaría animar a la gente que le rodea a llevar una vida más saludable y feliz? Puede empezar con usted. Ser el ejemplo que necesitan para tomar el control de sus vidas y su salud. Enseñe a sus hijos el valor de una alimentación saludable y recuérdeles lo que significa despertarse descansados y refrescados.

No sólo trabajará para mejorar las vidas de sus seres queridos, sino que también marcará la diferencia en las vidas de las familias que luchan por ganarse la vida cosechando caña de azúcar. Por lo general, trabajan en condiciones difíciles por salarios bajos para poder mantenerse a sí mismos y a sus familias. Al elegir dejar de comprar productos cargados con azúcares artificiales (producidos a partir de la caña de azúcar), usted ayudará a detener el trato inhumano de los trabajadores de la caña de azúcar.

Los alimentos procesados se producen a menudo en grandes fábricas y se transportan varias veces antes de llegar a los almacenes. Eliminar los productos azucarados de su dieta ayuda a eliminar al intermediario industrial, especialmente si compra en los mercados agrícolas, puede estar seguro de que las emisiones de carbono por unidad de alimento son mucho menores que las de los alimentos procesados en el supermercado. Cuanto menos procesados sean los alimentos que compras, mejor serán para el medio ambiente. Desafortunadamente, no podemos decir nada acerca de la sustentabilidad de sus productos; pero el consumo de esos alimentos será mas ecológico que los mismos productos enviados a una fábrica para procesarlo y devolverlo.

Hasta ahora, nos hemos centrado mucho en la manera en la que el azúcar afecta a las personas, pero el azúcar también tiene un impacto significativo en el medio ambiente. Hay que despejar el terreno para dar paso a las plantaciones de caña de azúcar y remolacha azucarera. Esto destruye los ecosistemas y los hábitats naturales. El riego intensivo y el uso de agroquímicos conducen a una escorrentía contaminada que erosiona el entorno natural. La caña de azúcar, en particular, requiere grandes cantidades de agua, lo que conduce a efectos secundarios mucho más graves de la escorrentía. Esto es aún más preocupante cuando sabemos que hasta el 70% de los azúcares artificiales provienen de la caña de azúcar. Esto conduce a la degradación de la vida silvestre y de todas las facetas del medio ambiente en las áreas asociadas a las plantaciones de azúcar por vías fluviales (Sugar and the Environment - Encouraging Better Management Practices in Sugar Production and Processing).

La comida sana puede ser, en efecto, más cara que la comida no sana, pero gran parte de esta percepción se debe a los altos precios de la carne y los superalimentos. Sin embargo, hay formas de abordar este problema. Comprar verduras congeladas: son más baratas que las verduras frescas y, como se congelan poco después de ser recogidas, retienen más nutrientes que las verduras frescas. Muchos alimentos procesados tienen una alternativa más asequible, simplemente esperando a ser preparados en su cocina. Puede cocinar comidas como salsas para pasta y hornear una amplia variedad de panes, y el costo por porción puede ser menor que el de una compra en una tienda. Consulte "Consejos y trucos" al final del capítulo 6 para conocer más formas de ahorrar para una alimentación saludable.

Las dietas con alto contenido de azúcar causan innumerables problemas, no sólo para nuestra salud, sino también para el medio ambiente y para aquellos que se ven obligados a trabajar en plantaciones de bajos salarios. Sabiendo esto, es difícil no entender la importancia de reducir la cantidad de azúcar en su dieta.

Capítulo 3: Los Beneficios De Hacer Una Dieta De Desintoxicación De Azúcar Para Limpiar Su Cuerpo

Naturalmente, cuando elimine los azúcares, combatirá eficazmente los peligros para la salud descritos en el primer capítulo. Reducirá el riesgo de obesidad, enfermedades cardíacas, colesterol alto y muchos otros peligros que aún desconocemos. Esta mejora ya es muy importante, pero estos no son los únicos cambios que notará. Se sentirá con más energía, su piel estará más saludable y su cuerpo funcionará más eficientemente.

Físicamente, usted notará una mejora en la salud de su piel. Los alimentos dulces causan picos en el azúcar en la sangre, lo que lleva a un aumento de la insulina. Cuando la insulina aumenta bruscamente, la producción de sebo en la piel también aumenta. Junto con el aumento de la inflamación, comer mucha azúcar empeora el acné. Los estudios han demostrado que la reducción de la cantidad de azúcar en la dieta puede mejorar el acné (Campos).

También se sabe que el azúcar causa el reticulado del colágeno, una de las moléculas que dan a la piel su elasticidad. Sin su elasticidad natural, el daño a la piel se produce mucho más rápidamente. Las dietas ricas en azúcar destaca la apariencia de las arrugas naturales de su piel. Es posible que observe una mayor flacidez de la piel en el cuello y el mentón o la formación de manchas oscuras alrededor del cuerpo. Las cortadas y raspaduras también pueden sanar más lentamente porque la capacidad de la piel para repararse a sí misma se ve afectada (Unity Point).

Está bien documentado que lo que comemos puede tener un impacto en nuestro nivel de energía y en la calidad del sueño. Las investigaciones han demostrado que las dietas altas en azúcar pueden evitar que nuestro cuerpo entre en un sueño profundo que nuestro cuerpo necesita para sanar y mantener un funcionamiento saludable. El azúcar también puede dificultar el sueño y hacer que sus noches sean más inquietas. El azúcar también estimula el apetito, lo que a menudo resulta en meriendas nocturnas que sólo lo mantienen despierto por más tiempo. Una vez que haya eliminado el azúcar, notará que no sólo duerme mejor, sino que también tiene más energía durante el día. Una buena noche de sueño influirá cómo te sentirás todo el día (Breus).

Una noche de sueño miserable puede hacer que se sienta peor al día siguiente, pero el azúcar no se detiene ahí. El consumo de azúcar está relacionado con la depresión. Ha oído bien, es verdad. Los niveles más altos de consumo de azúcar significan una mayor probabilidad de desarrollar depresión. Es posible que no lo tenga, pero seguir una dieta azucarada y sufrir diariamente la inflamación crónica que causa lo pone en un riesgo mucho mayor. La eliminación de los azúcares procesados puede mejorar los síntomas de la depresión en aquellos que la tienen y reducir las posibilidades de los que no la tienen (DiSalvo).

Al eliminar el azúcar, se elimina una importante fuente de exceso de energía que a menudo se almacena en forma de grasa. Sin el exceso de energía flotando en su corriente sanguínea, su cuerpo tendrá menos energía para almacenar como grasa, lo que ralentizará, detendrá e incluso revertirá la acumulación de grasa en su cuerpo. Cuando hace ejercicio, su cuerpo comienza a agotar sus reservas de grasa y las verá desaparecer. Es esencial, por supuesto, que continúe comiendo una cantidad saludable de calorías por día, pero una vez que elimine los alimentos dulces de su dieta, probablemente le resulte mucho más fácil atenerse a un número saludable. Una vez que deje de consumir el exceso de calorías, su acumulación de grasa se detendrá y podrá deshacerse de ella mucho más rápido.

Es probable que en algún momento, la mayoría de nosotros haya comido mucho para volver a tener hambre una hora más tarde. Eso se ha producido por el tipo de comida que hemos comido. Los azúcares y los carbohidratos simples se digieren rápidamente, por lo que se termina teniendo hambre de nuevo mucho más rápido que cuando se comen carbohidratos y proteínas complejas. Una vez que haya eliminado los alimentos azucarados y poco saludables de su dieta, notará que se sentirá lleno mucho más tiempo y ya no sentirá la necesidad de picar entre comidas como lo hacia antes (suponiendo que coma tres veces al día a intervalos regulares). Menos antojos significan menos razones para comer azúcares, lo que también significa que usted no acumulará tanta grasa. Sin embargo, si encuentra la necesidad de picar algo, consulte las recetas de merienda en el Capítulo Seis.

Si se siente hinchado, perezoso o pesado, puede estar sufriendo de una excesiva retención de líquidos. Cuando usted come muchos azúcares, su cuerpo produce mucha insulina, forzándole a retener el sodio y asegurándose de que el agua sea retenida en lugar de ser eliminada del cuerpo. En otras palabras, los azúcares hacen que su cuerpo retenga más agua de la que necesitaría de otra manera. La rápida pérdida de peso al principio de una dieta, es a menudo el peso del agua a medida que el cuerpo se recupera a un nivel natural de retención de agua. Esto no significa que se trate de peso de agua, o que perder peso de agua es algo malo. De hecho, perder el exceso de agua puede hacer que se sienta mejor y más equilibrado (Greenfield).

Se sabe que los desequilibrios hormonales, especialmente en las mujeres, causan irritabilidad y cambios de humor, contribuyendo incluso a la ansiedad y la depresión. Además de crear niveles de energía altos y bajos, el azúcar puede alterar sus niveles de insulina, lo que a su vez altera los niveles de estrógeno y testosterona. La grasa del vientre convierte la testosterona en niveles aún más altos de estrógeno, haciendo que la proporción de estrógeno a progesterona sea aún más aberrante. Esto empeora el estado de ánimo y los síntomas asociados con la menstruación mensual y, a medida que las mujeres envejecen, también puede exacerbar los síntomas de la menopausia. La eliminación de los azúcares restablece el equilibrio hormonal natural de su cuerpo. Una dieta saludable puede reducir significativamente la fatiga, los cambios de humor e incluso los antojos, que puede experimentar junto con su ciclo mensual (Arora).

Un estudio realizado en la década de 1970 mostró que, tras consumir grandes cantidades de azúcar, los glóbulos blancos de su cuerpo están temporalmente en desventaja y luchan por atacar a las células invasoras. Aunque ésta es sólo una de las muchas facetas de la respuesta inmunológica del cuerpo, no se ha investigado mucho sobre los efectos del azúcar en el sistema inmunológico. Sabemos que suprime al menos parte de la respuesta inmunológica y que la inflamación que promueve perjudica aún más la capacidad del cuerpo para responder a las amenazas. La respuesta inmune natural de su cuerpo se restablece cuando usted se alimenta de forma saludable, dejándole más saludable y feliz a largo plazo (Reinagel).

El azúcar afecta al cuerpo de muchas maneras y al eliminarla de su dieta se invierten estos cambios. Algunos de estos cambios se notan casi instantáneamente, mientras que otros proporcionan beneficios de por vida. Si todos estos cambios positivos ocurren cuando eliminamos los azúcares, ¿qué espera para hacerlo? Entonces, esperamos que esté listo para empezar! Ahora discutiremos cómo prepararse para una desintoxicación del azúcar.

Capítulo 4: Cómo Prepararse Para El Programa De Desintoxicación De Azúcar

Ahora puede que se pregunte cómo seguir un dieta para limpiar su cuerpo del azúcar. Lo primero que hay que considerar es prepararse para la desintoxicación de azúcar. ¿Qué puede hacer para prepararse y tener éxito?

Si no sabe cuánta azúcar está consumiendo, debería averiguarlo. Empiece a mirar las etiquetas para ver cuánta azúcar está comiendo y cuánta de esa cantidad contiene azúcares artificiales. Empieza a escribir un diario de comidas para llevar un registro de todo. Empiece a tomar notas de lo que este picando y los momentos en los que más antojos de alimentos dulces tenga. ¿Hay alimentos que comes frecuentemente que no deberías comer? ¿Existen estados de ánimo o situaciones que le hagan querer comer alimentos dulces? Una vez que entienda qué es lo que le hace comer alimentos no saludables, estará mejor preparado para lidiar con ello.

Haga planes de comida. Al principio de cada semana, siéntese y planifique sus comidas para los días siguientes. Tenga en cuenta los días en que está ocupado y planifique comidas más naturales o cosas que pueda cocinar con anticipación para esos días. No tenga miedo de añadir nuevas recetas a la mezcla.

Empiece a hacer listas de compras. Una vez que tenga un plan de comidas para la semana, puede ir de compras para comprar los alimentos que necesitará para preparar esas comidas. Si tiene una lista específica de cosas para comprar, es más probable que se apegue a esa lista en lugar de buscar en las estanterías todos los alimentos procesados a los que es adicto. Los alimentos grasos y dulces están diseñados para ser adictivos. Los ingenieros químicos hacen carrera creando perfiles de sabor que hacen casi imposible dejar de comerlos. Al hacer listas de compras y adherirse a ellas, usted elimina la posibilidad de ceder y llenar su despensa con bolsas de papas fritas y envolturas de galletas.

Limpie su despensa de alimentos dañinos. Haga un inventario de bocadillos, comidas instantáneas y otros alimentos que tenga a mano. Lo más probable es que encuentre que tiene mucha más comida, específicamente mucha más comida no saludable, de lo que pensaba. Tire todo lo que esté rancio o que nadie esté comiendo en su casa. Deshágase de los alimentos no saludables y comprométase a no volver a comprarlos.

Traiga alternativas saludables. En lugar de comprar alimentos no saludables, traiga más frutas, nueces y verduras. Haga rebanadas de apio, palitos de zanahoria o incluso pimientos en lugar de galletas y empaque sándwiches saludables o sobras de comidas saludables para los almuerzos de los niños. Termine lo que tenga antes de comprar nuevos alimentos. No compre nuevos paquetes a menos que no tenga más en casa. Si ha terminado un producto no saludable, llévese a casa un producto más saludable para reemplazarlo.

Cuénteselo al mundo. Va a tener una exitosa desintoxicación de azúcar de 30 días, y el mundo entero quiere saberlo. Dígale a las personas con las que interactúa diariamente lo que planea hacer y pídales ayuda. Pídales que se aseguren de que haya opciones más saludables disponibles cuando usted esté allí. Pídeles que le abofeteen si le ven mirando una rosquilla. Pídeles que se unan a usted. Todo depende de usted. Algunos prefieren publicar en los medios sociales y dar actualizaciones diarias sobre su estado de salud. Otros preferirían el apoyo de unos pocos miembros de la familia. Ya sabe lo que para usted . Sólo hágalo. Si necesita a un amigo para ayudarle, pues encuentre un amigo. Si prefiere que su pareja esconda todos los alimentos dulces de la casa, pídale que lo haga. Usted puede hacer esto completamente, y tener el apoyo de los que están a su alrededor lo que hará que sea mucho más fácil de manejar.

Busque información en Internet. Si no puede encontrar apoyo a su alrededor, consulte los sitios web. Hay millones de personas que están dispuestas a apoyar sus esfuerzos; puede que sea necesario aventurarse un poco más allá de su zona de confort para encontrarlos. Es posible que encuentre un grupo que comparta recetas y secretos para encontrar los mejores productos. Si es así, genial. Tal vez encuentres algunas personas dispuestas a venir a verle todos los días. Eso también es genial. Cada persona que le apoye es alguien con quien puedes hablar en vez de ceder a los antojos cuando llegan.

Capítulo 5: Qué Esperar De Este Programa De Desintoxicación De Azúcar De 30 Días

Durante este programa de desintoxicación, usted eliminará todos los azúcares procesados de su dieta durante 30 días. Reemplazará los alimentos inflamatorios por otros más saludables y aprenderá a manejar el estrés y las emociones de otras maneras que no sean el azúcar. Durante la primera semana, usted experimentará antojos y síntomas similares a los del síndrome de abstinencia de la cafeína, ya que su cuerpo reacciona a la falta de azúcar. Para la segunda semana, sus síntomas probablemente habrán mejorado, pero aún tendrá antojos. La tercera semana es cuando usted comienza a sentir los beneficios de un estilo de vida bajo en azúcar. Y más allá de ese mes, debe hacer lo posible por mantener un estilo de vida bajo en azúcar. Después de 30 días, será convencido.

Planifique sus comidas con anticipación y obtenga el apoyo de quienes le rodeen para prepararse mejor para el éxito. Usted experimentará una amplia variedad de cosas cuando comience esta desintoxicación de azúcar de 30 días, tanto positivas como negativas. También consumirá nuevos alimentos, y tendrá más energía pero también experimentara síntomas de abstinencia de azúcar.

Empecemos con las expectativas más positivas.

Sin esa montaña rusa del azúcar en la sangre, notará que dormirá mejor casi inmediatamente. Lo que significa que también tendrá más energía durante el día.

Tendrá la oportunidad de probar nuevos alimentos mientras trate de encontrar nuevos sustitutos para sus alimentos favoritos. Comerá nuevas comidas, combinará nuevos sabores y preparará los alimentos de manera diferente. Es esencial encontrar alimentos frescos para reemplazar sus alimentos básicos habituales. Quién sabe, puede que incluso descubra su nueva comida favorita.

La comida le sabrá diferente cuando sus papilas gustativas se acostumbren a no comer alimentos con alto contenido de azúcar. De esta manera, se volverá más sensible a los sabores naturales de la comida. Las frutas y nueces comenzarán a hacerse más dulces a medida que sus papilas gustativas se olviden del sabor demasiado dulce de los alimentos altamente procesados.

Desafortunadamente, los alimentos dulces son adictivos. Es muy difícil dejar de comer azúcar porque su cerebro está sintonizado para ser adicto a el. Cuando usted deja de comer azúcar, su cerebro reacciona de la misma manera que si un adicto dejara de consumir una droga o alcohol. No es cuestión de querer dejar de comer azúcar. Se necesita dedicación y trabajo duro para superar esa adicción al azúcar.

Cuando deje de comer azúcar, espere pasar por la abstinencia de azúcar. La abstinencia de azúcar es algo real, y cuando empiece esta desintoxicación, también se enfrentarte a ella. Los síntomas incluyen antojos, dolores de cabeza, fatiga, náuseas, calambres, irritabilidad y depresión. A medida que su cuerpo se ajusta, estos síntomas desaparecerán en unos pocos días o semanas, y usted comenzará a sentirse mejor que antes. Si usted decide reducir lentamente su consumo de azúcar, estos síntomas durarán más tiempo, pero pueden ser incluso más leves que si dejar de tomar azúcar de un golpe (Eske).

Puede gestionar la abstinencia de azúcar de varias maneras. El magnesio es una molécula conocida para ayudar a reducir el azúcar en la sangre y producir proteínas, que pueden ayudar a regular los síntomas de la abstinencia de azúcar. Puede obtener su ingesta diaria recomendada de magnesio de las porciones de espinacas, granos enteros, leche, frijoles negros y maní. Otros consejos para manejar la abstinencia de azúcar incluyen comer proteínas para controlar el apetito, beber suficiente agua para no empeorar su condición o causar nuevos dolores de cabeza y hacer ejercicio para regular sus niveles de azúcar en la sangre (Eske).

Si usted comienza a experimentar síntomas de hipoglucemia (azúcar en la sangre extremadamente baja), incluyendo mareos inusuales, dificultad para concentrarse, incapacidad para comer, pérdida de la conciencia, o convulsiones, consulte a un médico (Eske).

Lo más importante es aceptar que cometerá errores aquí y allá. Si espera la perfección, cometer un error será muy desalentador. El objetivo de la desintoxicación de azúcar es mejorar su salud, pero si se da por vencido después de un solo error, no llegará muy lejos. Perdónese cuando cometa un error y no se rinda a los antojos. Tome nota de lo que le llevó a cometer ese error y utilícelo como una oportunidad de aprendizaje...

Capítulo 6: Cómo Hacer Una Desintoxicación De Azúcar En 30 Días

Eliminar los alimentos inflamatorios

Recuerde que el objetivo de la desintoxicación de azúcar es limpiar su cuerpo del exceso de azúcares para permitirle de adaptar una dieta más saludable y natural. Su principal objetivo es eliminar los azúcares procesados de su dieta. Al eliminar los alimentos azucarados, usted le está dando a su cuerpo la oportunidad de curarse de los daños de ese consumo excesivo de azúcar que seguramente perdura durante anos.

Comer fuera es uno de los principales factores que contribuyen a ello. Se sabe que los restaurantes de comida rápida son opciones poco saludables, pero la gente tiende a elegirlos de todos modos por conveniencia. Con los riesgos de salud asociados a los alimentos grasos, esta opción no merece la pena solo para ahorrarse unos minutos. La comida rápida debería ser lo primero que usted elimine. Comer en restaurantes que no son de "comida rápida" puede ser un buen cambio de ritmo, pero es difícil saber dónde se pueden haber añadido los edulcorantes entre la granja y su plato.

Los alimentos como los cereales también contienen grandes cantidades de azúcar. La mayoría de los productos de carbohidratos disponibles en el mercado contienen azúcares añadidos, aunque es posible que no tengan el mismo sabor. Nuestras papilas gustativas están tan acostumbradas a comer alimentos dulces que incluso muchas opciones saladas son dulces. Si quiere disfrutar de una tostada de pan, es mucho más saludable hornear su propio pan - y también es una buena manera de pasar tiempo con su familia.

No hace falta decir que también hay que cortar las galletas, los caramelos, los helados, los pasteles y otros postres. El punto crítico aquí es eliminar de su dieta la mayor cantidad posible de alimentos manufacturados. Haga lo que pueda desde el principio y disfrute de una buena comida en casa en lugar de salir. Invite a sus amigos y familiares si quiere que sea realmente especial.

Algunas personas pueden preferir eliminar los alimentos dulces tirándolos todos. Otros prefieren reemplazarlos poco a poco, comiendo lo que quede de sus productos inflamatorios antes de reemplazarlos con alternativas más saludables. Si tiene una necesidad de salud urgente, como la diabetes tipo 2 o una enfermedad cardíaca, sentirá los beneficios más rápidamente, cuanto más rápido elimine los azúcares. Una vez que haya eliminado los alimentos inflamatorios de su dieta, comenzará a sentir los beneficios de la dieta de desintoxicación de azúcar.

SUSTITUIR LOS ALIMENTOS DESENCADENANTES POR ALIMENTOS ANTIINFLAMATORIOS

Para completar con éxito esta desintoxicación de azúcar de 30 días, necesitará reemplazar sus malos hábitos alimenticios por otros más saludables. Es esencial saber de antemano cuáles son sus alimentos desencadenantes. ¿Qué alimentos se le antojan más? ¿Qué alimentos come para recompensarse? ¿Qué alimentos le resultan difíciles de controlar? Estos alimentos serán los más difíciles e importantes de reemplazar. Así que veamos cómo establecer una dieta más saludable y reemplazar sus alimentos desencadenantes de la inflamación.

Los refrescos son una de las peores bebidas para usted debido a su alto contenido de azúcar. Sin mencionar el hecho de que le hacen sentir deshidratado. Ni siquiera los refrescos dietéticos son opciones saludables. Reemplazan el azúcar por edulcorantes artificiales, lo que lo pone en el mismo riesgo que los refrescos regulares. Los jugos también tienen un alto contenido de azúcar. Incluso el alcohol contiene más azúcar de lo que se podría esperar. Sustituye las bebidas endulzadas por agua con gas o aguas con frutas y verduras añadidas (nota: que no sean zumos, o contengan trozos de fruta o verduras).

Esto no es tan simple como reemplazar el azúcar por edulcorantes naturales y artificiales. Estos edulcorantes artificiales desencadenan el mismo aumento neuroquímico que se produce cuando se comen los dulces tradicionales, y plantean muchos de los mismos riesgos para la salud. En su lugar, necesita encontrar reemplazos que se produzcan de forma natural.

Asegúrese de estar hidratado. Cada vez que tenga ganas de comer algo, beba un vaso de agua y pregúntese si todavía tiene hambre. Recuerde beber agua durante todo el día para mantener su cuerpo bien hidratado.

Los antojos de azúcar van a ser una de las partes más difíciles de superar en este régimen de desintoxicación de 30 días. En lugar de llenar las calorías vacías, reemplácelas por grasas saludables. Las grasas se digieren más lentamente que los azúcares y le permiten sentirse lleno por más tiempo. Su azúcar en la sangre será más estable, así que no tendrá ansias de energía que le dejará con antojos. Las alternativas saludables a los alimentos dulces incluyen el aguacate, las nueces y semillas, los productos de coco y muchos más. Prepare las comidas usando estos sustitutos para ayudarle a sentirse lleno y satisfecho.

En lugar de comer galletas, papas fritas u picar otras comidas, coma fruta o nueces. Si se le antojan los dulces, come trozos de manzana u otra fruta saludable. Condimente con yogur sin azúcar o mantequilla de maní. Si se le antoja algo un poco más sabroso, coma nueces ligeramente saladas. Para el postre, coma fruta en lugar de dulces, o intente algunas de las recetas en la sección "meriendas" a continuación.

RECETAS PARA DESAYUNOS

Pancakes de calabaza con mantequilla de coco y vainilla y por "The 21-Day sugar detox"

- 6 huevos

- 3/4 taza de calabaza enlatada

- 1 1/2 cucharadita de extracto puro de vainilla

- 1 1/2 cucharadita de mezcla de especias para tarta de calabaza (Pumpkin pie spice)

- 1 1/2 cucharadita de canela

- 3 cucharadas de harina de coco

- 1/4 cucharadita de bicarbonato de sodio

- pizca de sal marina

- 3 cucharadas de ghee o aceite de coco

Para la mantequilla de coco a la vainilla:

- 3 cucharadas de mantequilla de coco

- 3/4 cucharadita de extracto puro de vainilla

- semillas de 1/2 de vaina de vainilla

PREPARACIÓN

- En un recipiente grande, bata los huevos, la calabaza y la vainilla. Tamice las especias para tarta de calabaza (Pumpkin pie spice), la canela, la harina de coco, el bicarbonato de soda y la sal en los ingredientes húmedos. Opción alternativa: combine todos los ingredientes en un procesador de alimentos hasta que estén bien mezclados.

- Engrase la sartén con 1 cucharadita de ghee y vierta la mezcla en la sartén para hacer pancakes del tamaño deseado. Deje que se cocinen durante tres minutos, y cuando aparezcan unas cuantas burbujas, dé la vuelta a los pancakes una vez para que terminen de cocinarse durante otros tres minutos.

- Sirva con tocino o salchicha.

- Mezcle la mantequilla de coco, la vainilla y las semillas de vainilla en un recipiente pequeño para mezclar.

- Mezcle bien para combinar y luego úselo para cubrir los pancakes.

Cazuela de pollo Buffalo para el desayuno

- ½ taza de leche de coco llena de grasa (¡no lo hemos probado nosotros mismos, pero nuestros lectores nos han dicho que la leche de anacardo o de almendras funciona muy bien en lugar de la leche de coco!)

- ½ taza de salsa picante (Tessemae's o Frank's Original funciona muy bien)

- ½ cucharadita de ajo en polvo

- 1 cucharadita de sal marina

- ¼ cucharadita de pimienta negra

- 2 tazas de pollo, cocido y desmenuzado (pueden usar restos de pollo asado)

- 2 cebollines, picados (aproximadamente 1/3 de taza)

- 1 taza de espinacas, picadas

PREPARACIÓN

- Precaliente el horno a 350 grados. Engrase ligeramente una fuente para hornear de 8x8" con aceite de coco o ghee.

- Bata los huevos en un tazón grande. Añada la leche de coco, la salsa picante, el ajo en polvo, la sal y la pimienta. Agregue el pollo, los cebollines y las espinacas y revuelva bien.

- Vierta la mezcla de huevo en la bandeja para hornear engrasada. Hornee por 30-40 minutos, o hasta que el centro de la cazuela esté listo. Corte en rodajas cuadradas y disfrute!

Desayuno clásico hecho sobre bandeja de horno

- 2 papas amarillas grandes, limpias y cortadas en cubos de 1/2" (ver nota)
- 1 cebolla mediana, cortada en dados pequeños
- 1 pimiento rojo o verde, cortado en dados pequeños
- 1 cucharadita de aceite de aguacate (ver nota)
- 1/2 cucharadita de ajo en polvo
- 1/2 cucharadita de chile en polvo
- 1/2 cucharadita de perejil seco
- 6 piezas de tocino sin nitrato
- 4 huevos de pasto, a elección
- sal marina fina y pimienta fresca molida, al gusto

PREPARACIÓN

- Precaliente el horno a 400°F y forre una bandeja de hornear con borde con papel de pergamino.

- En un tazón grande, combine la papa picada, el pimiento, la cebolla, el aceite de aguacate y las especias. Mezcle para combinar y vierta en una bandeja para hornear con borde.

- Colocar en el horno y hornear durante 20 minutos.

- Retire la sartén y mueva la mezcla de verduras a un lado de la sartén. Agregue el tocino en tiras al otro lado y regrese al horno por 12 minutos.

- Retire del horno y mueva el tocino a un lado. Mueva la mezcla de hachís marrón con el exceso de grasa de tocino para que las papas queden bien crujientes. Mueva las papas hacia un lado y haga cuatro pequeños divisores de papas para romper los huevos. Rompa los huevos en las cacerolas y vuelva a hornear durante 8-10 minutos. Hornee hasta que los huevos estén cocidos para obtener la textura deseada. Para obtener yemas liquidas cocine durante 8 minutos y 10 minutos para huevos más cocidos.

- Coloque las papas fritas y los huevos en un plato y escurra brevemente el tocino del exceso de grasa en una toalla de papel antes de ponerlo en el plato y servirlo. Ponga sal y pimienta al gusto (pero primero pruébela, ya que el tocino agrega sal al plato).

Huevos rellenos con tocino

- 6 huevos

- 5 rebanadas de tocino, cocido y desmenuzado

- ¼ taza de grasa de tocino (reservé tocino cocido y aún caliente)

- ½ cucharadita de ajo en polvo

- 1 cucharadita de sal marina

- ¼ cucharadita de pimienta negra

- pimienta de cayena (opcional)

- 1 cucharada de cebollino picado

PREPARACIÓN

- ¡Primero, hiervan los huevos! Una buena forma de hacerlo es de cocinarlas al vapor, para que las cáscaras no se peguen al huevo. Agregue aproximadamente 2" de agua a una olla. Lleve a ebullición. Agregue los huevos fríos a una cesta de vapor en la olla y cocine al vapor, tapados, durante

9 minutos. Retire los huevos de la cesta y colóquelos inmediatamente en un recipiente lleno de agua helada. Dejar enfriar los huevos.

- Pelar los huevos con cuidado y córtelos por la mitad a lo largo. Retire las yemas y colóquelas en su procesador de alimentos junto con la grasa tibia de tocino, el ajo en polvo, la sal marina y la pimienta negra. Haga un puré hasta que la mezcla esté suave. ¿No tiene procesador de comida? No hay problema! Triture bien los ingredientes con un tenedor.

- Coloque la mezcla de yema de huevo en las claras de huevo. Cubra con el tocino desmenuzado, el cebollino y una pizca de pimienta de cayena (si la usa).

Frittata de salchicha italiana

- 1 cucharada de aceite de coco

- 1 libra de salchicha de cerdo italiana (preferiblemente pastada/orgánica, removida de las tripas y desmenuzada, si es necesario)

- ½ taza de tomates secos

- 1 taza de spaghetti squash cocido (instrucciones de cocción a continuación)

- 3 dientes de ajo, picados

- ½ cucharadita de sal

- 8 huevos, batidos (preferiblemente pastoreados)

- 1 cucharada de cebollino, picado (opcional)

PREPARACIÓN

- Spaghetti Squash - Precaliente su horno a 425 grados. Cortar la calabaza espagueti por la mitad, a lo largo.

Coloque la calabaza boca abajo en una bandeja para hornear y hornee durante 20-30 minutos (dependiendo del tamaño de la calabaza, esto es para una calabaza pequeña) hasta que la piel esté suave y los hilos de la calabaza salgan rápidamente con un tenedor. Reserve 1 taza de calabaza para la Frittata.

- Frittata - Precaliente su horno a 350 grados

- Derrita el aceite de coco en una sartén para horno a fuego medio. Una vez que el aceite se haya derretido y la sartén esté caliente, desmenuce la salchicha italiana en la sartén. Cocine por 3-4 minutos, o hasta que ya no esté rosado. Agregue el ajo a la sartén y sofría hasta que esté fragante, aproximadamente 30 segundos. Agregue la calabaza de espagueti a la sartén y revuelva bien. Espolvoree los tomates secados al sol sobre el cerdo y la calabaza. Añadir los huevos a la sartén.

- Coloque la sartén en el horno y hornee de 15 a 20 minutos, o hasta que los huevos estén listos. Disfrute!

Quiches de queso cheddar ahumado y papa hechos en molde de muffins

- 2 cucharadas de aceite de oliva extra virgen

- 1½ tazas de patatas rojas cortadas en dados finos

- 1 taza de cebolla roja picada

- ¾ cucharadita de sal, dividida

- 8 huevos grandes

- 1 taza de queso Cheddar ahumado rallado

- ½ taza de leche descremada

- ½ cucharadita de pimienta negra molida

PREPARACIÓN

- Precaliente el horno a 325 °F. Cubra un molde para muffins de 12 tazas con rocío de cocina. Caliente el aceite en una sartén grande a fuego medio. Agregue las papas, la cebolla y ¼ cucharadita de sal y cocine, revolviendo hasta que las papas estén bien cocidas durante unos 5 minutos.

Retire del fuego y deje enfriar durante 5 minutos. Bata los huevos, el queso, la leche, la pimienta y el resto de ½ cucharadita de sal en un tazón grande. Agregue las espinacas y la mezcla de papas. Divida la mezcla de quiche en el molde de muffins. Hornee hasta que esté firme al tacto, unos 25 minutos. Dejar reposar 5 minutos antes de sacarlo del molde.

- Para seguir adelante: Envuelva individualmente con plástico y refrigere hasta por 3 días o congele hasta por 1 mes. Para recalentar, retire el plástico, envuélvalo en una toalla de papel y cocine en el microondas a temperatura alta durante 30 a 60 segundos.

Huevos fritos de cúrcuma crujientes

- 2 huevos

- 1 cucharadita de cúrcuma

- ½ cucharada de ghee o aceite de aguacate

PREPARACIÓN

- Caliente una sartén de hierro fundido a fuego medio-alto.

- Agregue el ghee y la cúrcuma, revolviendo mientras se derrite para crear una pasta.

- Rompa los huevos en el puré e inmediatamente ponga el fuego a baja temperatura.

- Cocine hasta que las claras ya no estén líquidas.

Pastel de limón y semillas de amapola por "Clean Eating with Katie "

- ½ taza de leche de coco entera
- 4 huevos de pasto
- 4 plátanos de punta verde
- 1 2/3 taza de harina de almendras
- cáscara de 4 limones
- 2 limones jugosos
- 2 cdtas. de semillas de amapola
- 1 cdta. de vainilla
- ½ cdta. de sal marina
- opcional: ¼ taza de mantequilla de coco derretida

PREPARACIÓN

- Precaliente el horno a 325 grados Fahrenheit. Engrasar un molde de pan con aceite de coco y cubrirlo con papel de pergamino.
- Combine los primeros cuatro ingredientes en un procesador de alimentos y mézclelos hasta que se mezclen. Luego agregue el resto de los ingredientes y mezcle hasta que estén bien mezclados.

- Vierta la mezcla en un molde de pan engrasado. Cocine por 65-70 minutos o hasta que se doren por encima y el pan esté firme cuando se presione en el centro.

- Deje enfriar durante 20-25 minutos. Rocíe con mantequilla de coco derretida si lo desea.

Recetas para el almuerzo

Sopa cremosa de pesto y tomate en la Instant Pot por "PaleOMG"

- 2 latas (28 onzas) de tomates San Marzano enteros y pelados

- 1 bolsa (16 onzas) de coliflor congelada

- 1 recipiente (32 onzas) de caldo de pollo con hueso

- 3 cucharadas de pesto de albahaca (puede usar una marca que no contenga productos con leche, o también puede hacer su proprio pesto) haga un poco más para adornar.

- 1-2 cucharaditas de sal (al gusto)

- 1 cucharadita de ajo en polvo

- 1 cucharadita de orégano seco

- 1/2 cucharadita de pimienta negra

- hojas de albahaca, para adornar

PREPARACIÓN

- Coloque todos los ingredientes en la Instant Pot, asegure la tapa, cierre la válvula de presión y presione el botón de sopa y presione durante 15 minutos.

- Una vez terminada la cocción, suelte la válvula de presión con una liberación natural o una liberación rápida. Una vez que haya quitado la tapa, use una batidora de inmersión para mezclar la sopa hasta que esté completamente suave. Pruebe para ver si la sopa necesita más sal o pimienta.

- Adorne la sopa con extra de albahaca y hojas de albahaca!

Receta de sopa cremosa de puerro

- 3 tazas de puerros sin las puntas verdes oscuras, cortados en trozos grandes (~2 puerros medianos)

- 1 coliflor mediana, ~2 lb, picada

- 1 cebolla mediana picada

- 4 tazas de caldo de pollo

- 1 cucharada de ghee opcional

- 1 taza de leche de coco llena de grasa

- Sal marina y pimienta negra al gusto

PREPARACIÓN

- Lavar bien los puerros. Corte el extremo de la raíz, luego córtelo por la mitad a lo largo. Mantenga bajo el agua corriente y separe las hojas, enjuagando bien....especialmente las hojas más externas. La sopa de arena no es deliciosa. Corte la parte superior verde oscuro y guárdela para hacer stock. Cortar los puerros en trozos grandes. Agregue a una olla sopera grande.

- Cortar el corazón de la coliflor y cortar las hojas. Córtalo en trozos grandes. Añade eso a la olla.

- Añada la cebolla, el caldo de pollo y el ghee (opcional) a la olla.

- Deje hervir y luego reduzca a fuego lento durante unos 20 minutos o hasta que todos los vegetales estén tiernos.

- Dejar enfriar un poco y añadir la leche de coco. Haga puré la mezcla hasta que esté suave usando una licuadora. Cuidado: es posible que tenga que hacer dos o más lotes, para que la licuadora no se desborde. Tenga cuidado al mezclar líquidos calientes.

- Sazone con sal y pimienta, al gusto.

Sopa de almejas paleo

- 1 taza de anacardos crudos

- ½ taza de agua (más un poco de agua adicional para remojar los anacardos)

- 2 cucharadas de ghee o mantequilla ecologica

- 1 cebolla amarilla pequeña, finamente picada

- 2 tallos de apio, sin las puntas, cortados en dados finos

- 2 cucharadas de arrurruz o almidón de tapioca

- 1 libra de papas rojas peladas y cortadas en cubos

- 2 tazas de caldo de pollo

- 3 latas de 6.5 onzas de almejas picadas, empacadas en jugo

- 2 hojas de laurel

- Sal marina y pimienta, al gusto

PREPARACIÓN

- Coloque los anacardos en un recipiente limpio. Ponga a hervir una olla pequeña de agua y luego vierta el agua sobre los anacardos para que se empape. Los anacardos deben estar completamente sumergidos en el agua. Deje a un lado.

- Derrita la mantequilla de ghee o ecológica en una olla mediana a fuego medio. Añada la cebolla y el apio a la sartén y sofría hasta que estén suaves, unos 5 minutos. Agregue el almidón de arrurruz/tapioca y mezcle bien.

- Agregue las papas, el caldo de pollo, el jugo de las almejas (no agregue las almejas todavía), y deje que el laurel se vaya a la olla. Revuelva bien la mezcla y deje hervir suavemente. Reduzca el fuego y cocine a fuego lento por 15-20 minutos, o hasta que las papas estén blandas con tenedor, revolviendo ocasionalmente.

- Escurrir y enjuagar los anacardos. Coloque los anacardos en su licuadora, junto con una taza de agua fresca. Licuar a fuego alto durante 2 minutos o hasta que la crema de anacardo esté suave.

- Retire las hojas de laurel de la sopa. Añadir la crema de anacardo junto con las almejas y remover bien. Vuelva a hervir a fuego lento y cocine por 2 minutos mientras revuelve con frecuencia. Sazone con sal y pimienta al gusto. Cubra con tocino y cebollino si lo desea.

Receta fácil de alitas de pollo Buffalo

- 6 alitas de pollo (6 alitas, 6 blanquetas)

- 1/2 taza de salsa roja picante *Frank's*

- 2 cucharadas de mantequilla

- salino

- pimentón

- ajo en polvo

- pimentón

- cayena (opcional)

PREPARACIÓN

- Comience por partir las alitas de pollo en dos trozos (las alitas y las blanquetas, desechando las puntas). Vierta un poco de salsa picante *Frank's Red Hot* sobre las alitas, lo suficiente para cubrirlas ligeramente.

- Sazone sus alas y muévalas para cubrirlas bien. Refrigere por aproximadamente una hora. Si está atado de tiempo, puede saltarse la refrigeración y pasar al siguiente paso.

- Encienda la parrilla a temperatura alta y coloque la rejilla del horno a unas 6 pulgadas de la parrilla. Forre una bandeja para hornear con papel de aluminio. Coloque las alitas de pollo de manera que tengan suficiente espacio entre ellas para que la llama llegue a los lados.

- Deje que se cocinen debajo de la parrilla por unos 8 minutos. La parte superior de las alas debe adquirir un bonito color marrón oscuro. Algunos trozos pueden volverse casi negros si están muy cerca de las llamas.

- Mientras se asan, derrita 2 cucharadas de mantequilla y el resto de la salsa picante. Usted puede sazonarlo ligeramente con pimienta de cayena si desea un ala más picante como la nuestra! Una vez que la mantequilla se haya derretido, retire la salsa del fuego.

- Saque las alas de la parrilla y vuélvalas. Colóquelos de nuevo en la parrilla durante 6-8 minutos. ¡Mantén un ojo en ellos!

- Una vez que estén bien dorados por todos lados, colóquelos en un recipiente para mezclar y vierta la salsa picante preparada sobre ellos. Revuelva para cubrirlos uniformemente.

Quiche sin corteza de hongos, espinacas y salchichas

- 1/2 cucharadita de sal

- 1/4 cucharadita de pimienta negra fresca

- 8 huevos

- 1/3 taza de leche de coco (baja en grasa o entera)

- 2 cucharadas de mantequilla, grasa de tocino o aceite de oliva

- 10 oz de hongos baby bella, cortados en rodajas

- 1/2 cucharadita de tomillo seco

- 1 salchicha picante de pollo italiano cortada en cubitos

- 1 paquete de espinacas frescas (o col rizada) (3 a 4 tazas)

PREPARACIÓN

- Precaliente el horno a 375 F. Unte con mantequilla un molde para tortas de 9 pulgadas y reservar.

- En un recipiente mediano, bata los huevos, la sal, la pimienta y la leche de coco. Deje a un lado.

- En una sartén pesada, caliente la mantequilla a fuego medio. Agregue los hongos y el tomillo en una sola capa y saltee hasta que estén dorados. No los ponga unos encima de otros. Agregue la salchicha y dore (aproximadamente 2 minutos) revolviendo a menudo. Agregue las espinacas a los champiñones cocidos y la salchicha. Revuelva y cocine hasta que las espinacas estén ligeramente marchitas, aproximadamente de 1 a 2 minutos. Retire la sartén del fuego. Añadir una pizca de sal y pimienta al gusto.

- Con una cuchara, esparza el hongo, la salchicha y la espinaca uniformemente en el molde para tartas preparado. Cubra esto con la mezcla de huevo.

- Hornee de 35 a 40 minutos, o hasta que los bordes estén ligeramente dorados, inflados y colocados en el centro. Sirva caliente o a temperatura ambiente. Las sobras se calientan mucho para el desayuno o el almuerzo.

Ensalada de Quinua y Atún enrollada en endivias

- 1/4 taza de quinua cocida
- 1 lata de atún en agua
- 1/4 taza de yogur griego natural sin grasa
- 1 cdta. de jugo de limón
- 2 cdas. de rábano picado
- 2 cdas. de perejil seco
- 1/2 cucharadita de eneldo fresco
- sal y pimienta al gusto
- hojas de endibia para hacer envoltorios

PREPARACIÓN

- En un recipiente, agregue todos los ingredientes y revuelva para combinar.

- Transfiera a un recipiente para preparar la comida y agregue las hojas de endibia. Cuantos más, mejor!

- Enfríe en el refrigerador un mínimo de 20 minutos antes de comer para que los sabores se casen.

Sopa de verduras hecha en olla de cocción lenta

- 1 cebolla mediana, picada

- 2 zanahorias medianas picadas

- 2 tallos de apio, picado

- 12 onzas de frijoles verdes frescos cortados en pedazos de ½-inch

- 4 tazas de col rizada picada

- 2 calabacines medianos picados

- 4 tomates Roma, sin semillas y picados

- 2 dientes de ajo, picados

- 2 latas (15 onzas) de canelones sin sal u otros frijoles blancos, enjuagados

- 4 tazas de caldo de pollo bajo en sodio o caldo de verduras bajo en sodio

- 2 cucharaditas de sal

- ½ cucharadita de pimienta molida

- 2 cucharaditas de vinagre de vino rojo

- 8 cucharaditas de pesto preparado

PREPARACIÓN

- Mezcle la cebolla, las zanahorias, el apio, los ejotes, la col rizada, el calabacín, los tomates, el ajo, los frijoles blancos, el caldo, la sal y la pimienta en una olla de cocción lenta de 6 cuartos o más grande. Cocine en alto durante 4 horas o bajo durante 6 horas. Agregue el vinagre y cubra cada porción de sopa con 1 cucharadita de pesto.

Pimientos rellenos de arroz de coliflor

Arroz de coliflor:

- 1 cabeza mediana de coliflor rallada en 'arroz' (ver método aquí)

- 1 cucharada de aceite de oliva o de semilla de uva

- 3 dientes de ajo, picados (opcional)

- 1 taza de cebolla roja, blanca, amarilla o verde cortada en cubos (recomendamos cebolla roja)

- 1 pizca de sal marina y pimienta negra

Pimientos:

- 4 pimientos rojos, amarillos o anaranjados grandes (semillas quitadas y cortado en dos)

- 1 lata de 15 onzas de frijoles negros o frijoles pintos (enjuagados y escurridos / si no tiene sal, agregue sal al gusto)

- 2/3 taza de salsa (hacer más para servir / salsa muy sabrosa, como la *Salsa Chunky* de Trader Joe)

- 2 cucharaditas de comino en polvo (más al gusto)

- 2 cucharaditas de chile en polvo (más al gusto)

- 2-3 cucharadas de jugo de limón

- 1/4 cucharadita de sal marina y pimienta negra (más al gusto)

Aderezos opcionales:

- 1 aguacate mediano maduro (en rodajas)

- Jugo de limón fresco

- Salsa picante

- Cilantro, picado

- Cebolla roja picada

- Aderezo cremoso de cilantro

- Salsa roja de chipotle (o su salsa favorita)

PREPARACIÓN

- Precaliente el horno a 375 grados F (190 C) y coloque una bandeja para hornear de 9x13 pulgadas o una bandeja para hornear con borde. Además, cepille los pimientos cortados por la mitad con un aceite neutro a fuego alto, como semillas de uva, aguacate o coco refinado. Deje a un lado.

- Prepare el arroz de coliflor siguiendo estas instrucciones. Luego caliente una sartén grande con borde a fuego medio.

- Una vez caliente, agregue el aceite, el ajo (opcional), la cebolla, la sal y la pimienta. Saltear durante 1 minuto, revolviendo con frecuencia. A continuación, añada el 'arroz' de coliflor y revuelva para cubrirlo. Colocar la tapa para que el arroz se cocine al vapor durante aproximadamente 1 minuto. Luego retire del fuego y transfiera la mezcla a un tazón grande para mezclar. Usted no está buscando cocinar completamente el arroz, ya que continuará cocinándose en el horno.

- Agregue los ingredientes restantes - frijoles negros con sal y pimienta - al arroz de coliflor y mézclelo para que se mezcle bien. Pruebe y ajuste los condimentos según corresponda, agregando sal, pimienta o más especias según lo desee.

- Rellene generosamente los pimientos cortados por la mitad con ~ 1/2 taza de la mezcla hasta que todos los pimientos estén llenos (puede tener un poco de relleno sobrante, que se puede agregar a las ensaladas o servir a un lado), luego cubra el plato con papel aluminio.

- Hornee durante 30 minutos tapado. Luego retire el papel de aluminio, aumente el fuego a 400 grados F (204 C) y hornee por otros 15-20 minutos o hasta que los pimientos estén suaves y ligeramente dorados. Para obtener pimientos más suaves, hornee de 5 a 10 minutos más. Sirva con los aderezos deseados (enumerados arriba) o tal como están. Podéis añadir aguacate, jugo de limón, salsa picante y cilantro.

- Es mejor cuando está fresco, aunque las sobras se mantienen cubiertas en el refrigerador durante 2 ó 3 días. Vuelva a calentar en un horno a 350 grados F (176 C) hasta que se caliente - aproximadamente 20 minutos. Consulte las notas para obtener instrucciones sobre cómo hacer la receta con anticipación.

Recetas para la cena

Pollo con batatas, Manzanas y Coles de Bruselas sobre bandeja de horno

- 4 pechugas de pollo deshuesadas sin piel, - recortadas del exceso de grasa y ligeramente machacadas a un grosor relativamente uniforme

- 3 cucharadas de aceite de oliva extra virgen - dividido

- 4 dientes de ajo picados

- 2 cucharadas de romero fresco picado - dividido

- 1 cucharadita de canela molida

- 1 cucharadita de sal Kosher - dividida

- 1/2 cucharadita de pimienta negra - dividida

- 4 tazas de coles de Bruselas - recortadas y cortadas a la mitad (una cuarta parte si son grandes), aproximadamente 1 libra

- 1 batata grande - pelada y cortada en cubos de 1/2 pulgada

- 1 cebolla roja mediana - cortada en trozos de 3/4 de pulgada

- 1 manzana mediana de Granny Smith pelada, sin corazón y cortada en trozos de 1 pulgada (estos trozos deben ser más grandes que las otras verduras)

PREPARACIÓN

- Precaliente el horno a 425 grados F.

- Coloque las pechugas de pollo en una bolsa grande con cierre. Rocíe con 1 1/2 cucharadas de aceite de oliva, luego agregue el ajo, 1 cucharada de romero, canela, 1/2 cucharadita de sal y 1/4 cucharadita de pimienta negra. Cierre bien la bolsa, luego agite y frote la bolsa para cubrir el pollo con el aceite y las especias. Deje a un lado mientras pica las verduras y las manzanas, o refrigere hasta por 1 día.

- Una vez picado, coloque las coles de Bruselas, la batata, la cebolla y la manzana en una bandeja para hornear grande y con bordes. Rocíe con las 1 1/2 cucharadas restantes de aceite de oliva, luego espolvoree con la 1/2 cucharadita restante de sal Kosher y 1/4 cucharadita de pimienta negra. Revuelva para cubrir uniformemente y luego extiéndalo en una capa uniforme.

- Retire el pollo del adobo y colóquelo sobre la manzana y las verduras. Coloque en el horno y ase hasta que el pollo esté bien cocido y la temperatura interna alcance de 160 a 165 grados F, aproximadamente de 18 a 22 minutos, o hasta que esté listo. Una vez que el pollo esté cocido, colóquelo en un plato para que descanse y cúbralo con papel aluminio para mantenerlo caliente. Ponga la manzana y los vegetales en la sartén, luego regrese la sartén al horno y continúe horneando hasta que estén caramelizados y tiernos, aproximadamente de 10 a 15 minutos adicionales. Espolvoree con la cucharada de romero fresco restante. Servir caliente.

Cordero asado con especias griegas

- 1 cebolla, grande, cortada en rodajas y separada

- 1 papa roja, grande, cortada en cubos 1"

- 6 dientes de ajo, machacados y cortados en trozos grandes

- 2-3 cucharadas de aceite de oliva Kasandrinos

- 3 cucharadas de la mezcla griega *Balanced Bites*, dividida (1 cucharada para verduras, 1 cucharada para la parte superior e inferior de la carne)

- 1.5 lb de solomillo de cordero asado

PREPARACIÓN

- Precaliente el horno a 375°F.

- Agregue todas las verduras a la sartén de hierro fundido 12" Rocíe las verduras con 2-3 cucharadas de aceite de oliva - espolvoree aproximadamente 1 cucharada de la mezcla griega sobre las verduras. Revuelva para cubrir los vegetales con aceite y especias.

- En la tabla de cortar, espolvoree aproximadamente 1 cucharada de mezcla griega en la parte inferior de la carne; palmee para asegurarse de que las especias se adhieren. Coloque el asado en el centro de la sartén con el lado del condimento hacia abajo. Sazone la parte superior de la carne, palmee para asegurarse de que las especias se adhieren.

- Inserte un termómetro digital para carne seguro para el horno con una sonda en el centro del asado y colóquelo a 160°F. Hornee a 375°F hasta que el termómetro de carne se apague! (aproximadamente 45-60 minutos para un asado de 1.5 libras)

Salmón hecho en 6 minutos

- 2 filetes de salmón salvaje

- 2 pizcas de sal marina

- 1 cucharadita de la mezcla de especias *SAVORY Balanced Bites*, dividida entre los filetes. Un punto de partida esencial sería sal marina, pimienta negra y ajo en polvo y terminar con limón recién exprimido al momento de servir.

PREPARACIÓN

- Precaliente una sartén de hierro fundido a fuego alto y coloque el horno tostador o el horno en la posición de asador.

- Tome el filete de salmón y séquelo con una toalla de papel. Salar el lado de la piel del salmón y agregarlo a la sartén con la piel hacia abajo. Ajuste el temporizador a dos minutos. Mientras la parte de la piel se quema, sazone generosamente el otro lado con la mezcla de especias SAVORY.

- Una vez que el salmón esté sellado, coloque la bandeja de hierro fundido en el horno tostador o en el horno durante 4 minutos debajo de la parrilla.

- ¡Eso es todo! Una vez transcurridos los 4 minutos, el salmón estará perfectamente cocido y listo para ser servido.

Pollo Chimichurri y judías verdes a la sartén

Para las judías verdes:

- 4 tazas de judías verdes - puntas cortadas

- 1 cucharada de aceite de oliva

- 2 dientes de ajo en rodajas finas

- Sal y pimienta negra al gusto

Para la salsa Chimichurri:

- 1 taza de perejil: también puede usar cilantro en su lugar

- ¼ taza de cebolla roja picada

- 1/2 cucharadita de sal o al gusto

- ¼ cucharadita de pimienta - o al gusto

- 2 dientes de ajo

- ½ cucharadita de orégano seco

- ⅓ taza + 1 cucharada de aceite de oliva

- 1 cucharadita de jugo de limón

- 2 cucharadas de vinagre de vino tinto

Para el pollo:

- 1 cucharada de aceite de oliva

- 2 pechugas de pollo orgánicas de granja medianas sin piel

- Sal y pimienta negra molida al gusto

- Pimentón al gusto

PREPARACIÓN

- Ponga a hervir una olla con agua. Agregue los frijoles verdes y deje hervir por 4-5 minutos.

- Escurrir las judías verdes y reservar.

- En una sartén, calentar el aceite de oliva a fuego medio.

- Agregue el ajo y cocine por 30 a 60 segundos. Agregue los frijoles verdes y cocine por 3-5 minutos.

- Sazone con sal y pimienta. Deje a un lado. Mientras cocinas las judías verdes, haz la salsa chimichurri. Vea las instrucciones a continuación.

- Añadir todos los ingredientes de Chimichurri en un procesador de alimentos y procesar a fuego lento. Durante 1 a 3 minutos. Deje reposar durante unos 20 minutos.

- Sazone el pollo con sal, pimienta y pimentón.

- Coloque el pollo en una sartén engrasada y cocine a fuego medio durante 3-4 minutos de cada lado o hasta que el pollo esté bien cocido.

- Vierta la salsa Chimichurri por encima y vuelva a poner las judías verdes en la sartén. Disfrute!

Fideos de calabacín con jengibre, sésamo y camarones

- 1 cucharada de aceite de aguacate o aceite de oliva

- 1/2 libra de camarones crudos medianos

- 2 cucharadas de aminoácidos de coco

- 2 cucharadas de aceite de sésamo

- 1 pulgada de jengibre fresco, pelado y rallado

- 2 dientes de ajo, rallados

- 2 cebollas verdes, cortadas en rodajas finas

- 1 cucharada de semillas de sésamo

- 1 libra de calabacín, espiralizado

PREPARACIÓN

- Caliente el aceite en una sartén grande a fuego alto. Agregue los camarones y cocine por 4-5 minutos, o hasta que estén rosados y bien cocidos.

- Mientras los camarones se cocinan, combine los aminoácidos de coco, el aceite de sésamo, el jengibre, el ajo, las cebollas verdes y las semillas de sésamo en un tazón grande. Agregue los fideos de calabacín y revuelva para cubrirlos.

- Divida los fideos de calabacín en dos platos. Cubra con los camarones.

Albóndigas de zanahoria con arroz de coliflor y menta

Para las albóndigas:

- 1 lb. de carne molida magra de res, pollo o pavo

- 1 huevo grande

- ½ taza de zanahorias ralladas

- 1 cdta. de aderezo italiano

- ½ cucharadita de hojuelas de pimiento rojo trituradas

- sal y pimienta al gusto

- 2 cdas. de aceite de oliva virgen extra

Para el Arroz de Coliflor:

- 4 tazas de coliflor cortada en dados

- 1 cda. de jugo de limón

- 4 hojas de menta

- sal y pimienta al gusto

- ½ taza de agua

PREPARACIÓN

- En un tazón grande, bata el huevo con el condimento italiano, sal, pimienta y hojuelas de pimiento rojo.

- Agregue las zanahorias y la carne molida al tazón. Con las manos, mezcle bien los ingredientes en la carne. Usando una pequeña bola de helado, enrolle la carne en bolas hasta que se hagan 18 albóndigas y la carne desaparezca.

- Caliente una sartén mediana a fuego medio-alto. Añada aceite a la sartén y caliente durante 4 minutos, luego agregue las albóndigas a la sartén.

- Cocine las albóndigas 5 minutos y luego voltéelas para que se cocinen por el otro lado otros 5 minutos. Gire las albóndigas unas cuantas veces más en la sartén y cocine de 1 a 2 minutos hasta que estén bien cocidas. Retire las albóndigas de la sartén y colóquelas en un plato.

- Añada ¼ taza de agua a la sartén con coliflor aderezada. Cocine 5 minutos hasta que se ablande, luego agregue el jugo de limón y las hojas de menta. Revuelva para combinar.

- Divida las albóndigas y el arroz de coliflor en 4 porciones iguales, colocándolas en recipientes para preparar la comida con trozos de limón fresco.

Ensalada de frijoles negros sin cocinar

- ½ taza de cebolla roja cortada en rodajas finas

- 1 aguacate mediano maduro, deshuesado y picado en trozos grandes

- ¼ taza de hojas de cilantro

- ¼ taza de jugo de limón, 2 cucharadas de aceite de oliva extra virgen1 diente de ajo, picado

- ½ cucharadita de sal

- 8 tazas de verduras mixtas para ensalada

- 2 mazorcas de maíz medianas, sin granos, o 2 tazas de maíz congelado, descongelado y seco.

- 1 pinta de tomates uva a la mitad

- 1 lata (15 onzas) de frijoles negros, enjuagados

PREPARACIÓN

- Coloque la cebolla en un recipiente mediano y cúbrala con agua fría. Deje a un lado. Mezcle el aguacate, el cilantro, el jugo de limón, el aceite, el ajo y la sal en un mini procesador de alimentos. Procese, raspando los lados según sea necesario, hasta que estén suaves y cremosos. Justo antes de servir, combine la ensalada, el maíz, los tomates y los frijoles en un tazón grande. Escurrir las cebollas y añadirlas al bol, junto con el aderezo de aguacate. Revuelva para abrigar.

Wrap de lechuga con camarones Bang Bang

- 1 libra de camarones pelados, limpios y sin cola
- 1-2 cdas. de aceite de cocina (usé aceite de aguacate)
- sal y pimienta, al gusto

Para la salsa:

- 1/2 taza de mayonesa de cocinas caseras o primarias
- 2 dientes de ajo, picados
- 2 cdtas. de mina harissa
- 1 cdta. de salsa de pescado
- 2 cdtas. de jugo de limón fresco
- sal y pimienta, al gusto

Para la garnicion:

- 1/4 taza de cebollines rebanados (sólo la parte verde)

- 1/4 taza de hojas de cilantro fresco (o microverdes de cilantro)

- 6-8 hojas de lechuga

PREPARACIÓN

- Mezcle todos los ingredientes de la salsa Bang Bang en un tazón y deje a un lado hasta que esté listo para usar.

- Sequen los camarones y añaden sal y pimienta, al gusto.

- Caliente una sartén grande a fuego medio-alto. Cepille el aceite para que cubra uniformemente el fondo de la sartén.

- Extender las gambas en una sola capa sobre la sartén sin apiñar la sartén (tuve que hacer la mía en dos lotes separados). Cortar las gambas por ambos lados hasta que se forme una corteza ligera y dorada (unos 3-4 minutos por lado).

- Retire los camarones del fuego pero manténgalos en la sartén caliente. Coloque la cantidad deseada de salsa Bang Bang en la sartén y mezcle para cubrir los camarones.

- Sirva en tazas de lechuga con cebollines y cilantro.

Merienda

¿Tiene hambre entre comidas y necesita algo para comer? Los refrigerios para la desintoxicación de azúcar incluyen frutas y verduras (excluyendo los almidones). Puede agregar salsas para mojar sin azúcar o mezclarlas con una taza de yogur sin azúcar y algunas nueces. Si está buscando algo que le recuerde a los alimentos procesados, eche un vistazo a las siguientes recetas.

Muffins de calabaza con hierbas y piñones tostados

- 1 taza de harina de anacardo

- 1/4 taza de harina de tapioca/almidón

- 2 cucharadas de harina de coco

- 1/2 cucharada de polvo de hornear

- 1/2 cucharadita de sal Kosher

- 1/4 cucharadita de pimienta negra recién molida

- 1/4 taza de piñones tostados

- 3 huevos

- 1 taza de puré de calabaza

- 1 cucharada de romero picado

- 1 cucharada de salvia picada

PREPARACIÓN

- Precaliente el horno a 350 grados. Engrase un molde para panecillos con rocío para hornear.

- Mezcle las harinas, el polvo de hornear, la sal, la pimienta y 2/3 de los piñones tostados en un tazón grande.

- Bata el resto de los ingredientes en un recipiente mediano.

- Agregue lo húmedo a lo seco y mezcle hasta que esté bien mezclado.

- Colocar la masa en los moldes de panecillos y cubrir con los piñones tostados restantes.

- Hornee de 18 a 20 minutos hasta que esté listo.

- Retire del horno, deje enfriar de 3 a 5 minutos en la sartén antes de pasar un cuchillo alrededor de los panecillos y ponerlos en una rejilla de enfriamiento.

Crumble de manzanas Granny Smith

Para la guarnición:

- 4 manzanas verdes, peladas y cortadas en rodajas finas

- jugo de 1/2 limón

- 1 cucharadita de canela molida

Para el relleno:

- 1 1/4 tazas de harina de almendras u otra harina de nueces de su elección, comprada en la tienda o hecha en casa

- 1/4 taza de mantequilla sin sal o aceite de coco, ablandado

- 1 cucharadita de canela molida

- pizca de sal marina

- 1 cucharada de mantequilla sin sal o aceite de coco derretido para la sartén

PREPARACIÓN

- Precaliente el horno a 350 °F.

- Haga el relleno: En un recipiente, mezcle las manzanas con el jugo de limón y la canela.

- Haz el aderezo: En un recipiente aparte, mezcle la harina de almendras, la mantequilla o el aceite de coco, la canela y la sal hasta que estén completamente incorporados.

- Unte el fondo y los lados de una bandeja para hornear de 9 por 9 pulgadas o de tamaño similar con la mantequilla derretida o el aceite de coco.

- Coloque las manzanas en la bandeja para hornear y cúbralas uniformemente con la cobertura.

- Hornee por 20 minutos cubiertos con papel de aluminio, luego por 25 a 30 minutos adicionales sin cubrir, hasta que las manzanas estén suaves y la cobertura comience a dorarse en los bordes.

Batido de vainilla

- 1 taza de coliflor congelada y aderezada

- ½-1 taza de leche de coco enlatada sin azúcar (ajuste la cantidad de líquido para que se mezcle en una consistencia suave y espesa de batido)

- ½ taza de té de vainilla frío (opcional)

- ½ cdta. de extracto de vainilla (o semillas de vaina de vainilla)

- 1-2 cucharadas de péptidos de colágeno

- Hielo adicional (opcional)

PREPARACIÓN

- Combine todos los ingredientes en una pequeña bala nutritiva o licuadora y mézclelos hasta que estén espesos, suaves y cremosos.

Patatas fritas de berenjena al horno con queso de cabra

Para las patatas fritas de berenjena:

- 1 berenjena mediana o 2 berenjenas pequeñas (preferiblemente de la variedad japonesa menos amarga)

- 2 cucharadas/16g de harina de arrurruz

- 1 taza/112 g de harina de almendras

- 1/2 cucharadita de sal marina

- 1/2 cucharadita de semillas de cilantro molido

- 1/2 cucharadita de semillas de comino molido

- 1/8 a 1/4 cucharadita de pimienta de cayena (dependiendo de la cantidad de picante que desee)

- 1 cucharada de aceite de coco ecológico o aceite de oliva virgen extra

- 1 huevo grande

Para la salsa de queso de cabra:

- 4 onzas/113g de queso de cabra

- 1/4 taza/ 60 ml de leche de cabra o kéfir de leche de cabra (o leche regular si no puede encontrar leche de cabra)

- el zumo de medio limón

- 1/4 cucharadita de sal marina

- Pimienta negra recién molida

PREPARACIÓN

- Licuar el queso de cabra, la leche, el jugo de limón, la sal y una pizca de pimienta en un procesador de alimentos hasta que esté suave y cremoso.

- Transfiera la salsa a un recipiente para servir. Sirva con papas fritas de berenjena al horno.

- La salsa se puede preparar por adelantado y refrigerar, llevar a temperatura ambiente antes de servir.

- Precaliente el horno a 425 grados F. Forre una bandeja para hornear con papel de pergamino ligeramente engrasado.

- Corte la berenjena por la mitad y luego en rodajas finas a lo largo y córtelas en bastones del tamaño de las papas fritas.

- Mezclar la harina de arrurruz con la harina de almendras y la sal y repartir uniformemente en dos platos poco profundos.

- En un recipiente separado, bata el cilantro, el comino y la pimienta de cayena con el aceite de coco y el huevo.

- Poner las patatas fritas de berenjena en la mezcla de harina de almendras en el primer plato, luego sumergirlas rápidamente en la mezcla de huevo y luego en el segundo plato de harina de almendras.

- Coloque las berenjenas fritas uniformemente en la bandeja para hornear y espolvoree con una pizca extra de sal marina.

- Hornee de 15 a 20 minutos (dependiendo del tamaño de las papas fritas) o hasta que estén crujientes y doradas. Sirva con salsa de queso de cabra.

Galletas saladas de almendras

- 1 taza de harina de almendras

- 3 cucharadas de harina de coco

- 1 cda. de mantequilla de almendras colmada

- 1 huevo (o ½ Cucharada de harina de lino mezclada en 2 cucharadas de agua para una opción sin huevo)

- ¼ - ½ cdta. de sal marina

- Pimienta negra agrietada (opcional)

También puede añadir:

- ½ taza de tomates secos envasados en aceite de oliva, escurridos y picados

- 2-4 dientes de ajo asados

- 2 cucharadas de hierbas frescas picadas (albahaca, romero, tomillo - individuales o combinadas)

- ½ taza de aceitunas Kalamata, sin carozo y picadas

- ½ taza de pimientos asados, picados

PREPARACIÓN

- Precaliente el horno a 350 °F.

- Forre una bandeja con papel para hornear.

- Poner la harina de almendras y la harina de coco en un recipiente y mezclar para combinar.

- Agregue la mantequilla de almendras y el huevo (o sustituto) y revuelva para mezclar.

- Agregue los complementos que desee, sal y pimienta (si los utiliza).

- Trabaje la mezcla en una masa y forme una bola lisa (las manos funcionan mejor).

- Coloque la masa entre dos hojas de papel de hornear y enrolle con un rodillo hasta que la mezcla tenga aproximadamente 1/4" de espesor.

- Colocar la masa en la bandeja preparada y cortarla en cuadritos.

- Hornee durante diez minutos, volteando la bandeja hasta la mitad de la cocción.

- Retire las galletas del horno y deje que se enfríen ligeramente.

- Romper las galletas a lo largo de las líneas marcadas y girarlas sobre la bandeja para que las piezas exteriores queden ahora en el interior y volver al horno durante otros 10 minutos.

- Retire las galletas del horno y deje enfriar en la bandeja durante 5 minutos antes de moverlas suavemente a una rejilla de enfriamiento.

- Almacenar en un recipiente hermético.

Mordiscos de chocolate y banana sin hornear

Para la masa:

- 2 plátanos de punta verde

- 3 cucharadas de aceite de coco

- 1 ½ Cucharada de cacao en polvo

- 3 cucharadas de mantequilla de anacardo (se pueden sustituir por otros tipos de mantequilla de anacardo)

- 1 cucharada de harina de mandioca

Para rodar la masa:

- 2-3 cucharadas de coco rallado (sin azúcar)

- 2-3 cucharadas de nueces picadas (u otras nueces)

PREPARACIÓN

- Agregue todos los ingredientes (excepto el coco rallado y las nueces picadas) a un procesador de alimentos. Pulsar hasta que estén bien combinados.

- Refrigere durante 15 minutos para que la masa quede firme.

- En una tabla de cortar, distribuya uniformemente el coco rallado y las nueces picadas para enrollar.

- Usando una cuchara o una cuchara para masa de galletas, enrolle la masa en bolas y haga rodar las bolas sobre la mezcla de coco rallado y pacana hasta que estén bien recubiertas.

- Refrigere durante 45 minutos (o congele durante 20 minutos) para que la masa quede firme. Saque las bolas del refrigerador unos 15 minutos antes de servir,

Palomitas de coliflor con sal y vinagre

- 1 coliflor de cabeza grande, rota en pequeños ramilletes

- 3/4 taza de vinagre de arroz sazonado de la marca *Nakano* (original)

- 1/4 taza de harina de almendras escaldada

- 1/4 taza de harina de tapioca

- 1 cucharada de harina de coco

- sal y pimienta

PREPARACIÓN

- Precaliente el horno a 425 grados y forre una bandeja para hornear con papel de pergamino.

- Coloque los ramilletes de coliflor en un recipiente grande. Vierta el vinagre sobre la coliflor y mezcle. Deje a un lado y deje marinar de 15 a 20 minutos.

- Combine las harinas, la sal y la pimienta en un recipiente grande o en una bolsa ziplock.

- Con una cuchara ranurada, retire la coliflor, escurra el exceso de vinagre y colóquela en el recipiente con la mezcla de harina. Cubrir o cerrar el recipiente/bolsa y agitar hasta que todos los ramilletes estén cubiertos con la mezcla.

- Extender la coliflor sobre la bandeja para hornear en una capa uniforme.

- Hornee por 20 minutos, voltee suavemente con una espátula grande y continúe horneando por otros 20-25 minutos hasta que estén crujientes y dorados.

- Retirar del horno y servir caliente.

Alioli y chips de col rizada

Para los chips de col rizada:

- 1 manojo de col rizada

- Aceite de oliva, para lloviznar

- Sal y pimienta, al gusto

Para el alioli:

- 1 yema de huevo, a temperatura ambiente

- 2 cucharadas de jugo de limón

- 1/2 cucharadita de mostaza en polvo

- 1/2 taza de aceite de aguacate

- 1/2 taza de aceite de oliva

- 2-3 dientes de ajo

- 2-3 ramitas de romero

PREPARACIÓN

- Precaliente el horno a 275 F.

- Lave bien la col rizada y retire las hojas de los tallos.

- Coloque las hojas en una bandeja para hornear galletas. Rocíe aceite de oliva y espolvoree sal y pimienta al gusto.

- Colocar en el horno durante 20 minutos. Mientras tanto, prepare el alioli.

- Coloque el huevo, el jugo de limón y la mostaza en polvo en un procesador de alimentos o una licuadora. Mezcle o pulse hasta que quede espumoso (2-3 pulsos).

- Este es un paso importante. Tómese su tiempo, o arruinará la receta. Ponga el aguacate y el aceite de oliva en el mismo recipiente después de la medición. Lentamente agregue la cucharada de la mezcla de aceite por cucharada mientras la licuadora o procesadora de alimentos está encendida. Una vez que haya añadido aproximadamente 1/3-1/2 taza de aceite, puede verterlo más rápido. Este paso debe durar de 2 a 3 minutos. Use la función de agujeros pequeños en la parte superior del procesador de alimentos.

- Ahora debería tener mayonesa. Agregue el ajo y el romero en la licuadora o procesador de alimentos y pulse hasta que estén bien mezclados.

- Servir con los chips para mojar!

Consejos Y Trucos Para Desintoxicación De Azúcar

Sepa qué tipo de persona eres. Para algunas personas es mejor reducir lentamente el consumo de azúcar. Otros ven más éxito al cortar el azúcar completamente. Usted se conoce mejor que nadie. Usted decide cual es la mejor manera de tener éxito. Si planea reducir la cantidad de alimentos lentamente, comience por reemplazar las meriendas por opciones no inflamatorias. Despues, haga lo mismo con sus comidas poco a poco. Si desea eliminar el azúcar del todo, limpie su despensa de alimentos dulces antes de comenzar, de modo que sea más difícil ceder a los antojos cuando se produzcan.

Planifique sus comidas y haga sus compras con anticipación. Haga una lista de los ingredientes que necesite para las comidas de la semana y úsela cuando haga sus compras. Es menos probable que ceda a la tentación si compra a base de una lista. Sólo camine por los pasillos donde necesite comida y evite caminar por los pasillos de las meriendas.

Prepare las comidas con antelación. Al principio de la semana, después de haber planificado las comidas y las compras, prepare tantas comidas como sea posible. Puede cocinar las comidas y guardarlas en la nevera y el congelador para que estén listas cuando quiera comerlas, o puede preparar los ingredientes. Pique las verduras, marine sus carnes y mezcle sus especias para que la cocción sea más rápida y fácil cada día.

No compre cuando tenga hambre. Ir de compras cuando tenga hambre puede conducir a hacers compras impulsivas que llenan su despensa y su estómago con los mismos azúcares que está tratando de deshacerse. La solución es sencilla: comprar después de haber comido una comida sana y nutritiva.

Tome un buen desayuno. Es importante empezar el día con un desayuno alto en proteínas. Concéntrese en preparar un desayuno saludable. Empiece el día con una comida saludable para hacerlo bien en lugar de preparar un desayuno dulce que le haga empezar el día con un alto nivel de azúcar en la sangre - no es un buen comienzo.

Maneje bien tu estrés. El estrés y otras emociones negativas pueden causar antojos, y si usted está estresado, es más probable que ceda a esos antojos. Si tiene problemas para manejar su estrés, asegúrese de hacer ejercicio y de tomarse un tiempo para relajarse diariamente.

Duerma bien. La falta de sueño también puede causar antojos. Acostúmbrese a dormir bien: adopte una rutina de sueño regular, evite el alcohol y la cafeína antes de irse a dormir, apague la tecnología una hora antes y establezca una rutina para dormirse. Es esencial dormir lo suficiente cada noche, no sólo durante la desintoxicación del azúcar.

No se salte las comidas. Su cuerpo estará bajo estrés mientras se ajuste a una dieta baja en azúcar. Saltarse las comidas hará que sus niveles de azúcar en la sangre bajen, haciendo que tenga antojos de azúcar y carbohidratos para aumentar su nivel de azúcar en la sangre.

Hágase responsable. Si le ayuda a mantenerse en el camino, establezca recompensas por su éxito. Celebre cinco días sin azúcar yendo al cine (sin palomitas de maíz) o haciendo una excursión a un nuevo lugar. Usted sabe qué sistema funcionará mejor para mantenerlo en el camino. Úselo. Aproveche al máximo. Ya sea que se trate de un recordatorio diario de un amigo o de una promesa personal de comprar una nueva prenda a la que le haya echado el ojo y cuando haya tenido éxito, úsela. Cambiar los hábitos es difícil. Quiere prepararse para el éxito. Pero...

No se culpe por sus errores. Un error no significa que tenga que dejar de desintoxicarse. Cuando meta la pata, lo mejor es seguir intentándolo. Siga trabajando en una dieta sin azúcar y acepte que haya cometido un error. Si Thomas Edison se hubiera rendido la primera vez que hubiera cometido un erro , no tendríamos luz eléctrica (en realidad eso es discutible, pero entiende el punto).

Sano con un presupuesto razonable. La alimentación saludable parece cara, pero hay formas de contrarrestarla y hacerla mucho más asequible. Compre productos "sin nombre" en lugar de productos de marca. A menudo son iguales o muy similares, pero con diferentes envases. Compre en contenedores a granel. Si su supermercado tiene depósitos a granel, compruebe si el costo unitario es menor que el de la compra de una bolsa o caja, y si es así, empiece a comprar desde allí. Aunque los contenedores a granel no son más baratos por unidad, si sólo tiene la intención de utilizar una pequeña cantidad, el costo total puede ser menor que los contenedores a granel. Las verduras congeladas suelen ser más baratas que las frescas y tienden a ser más saludables ya que se congelan poco después de la cosecha. Compre productos de temporada y no los compre fuera de temporada.

Invierta en contenedores seguros para la congelación. Tener algo donde poner las sobras y la comida extra le evitará tener que tirar y comprar comida de nuevo. Asegúrese de conocer las mejores formas de almacenar sus productos para mantenerlos frescos por más tiempo.

Proteína barata. La carne es cara. Es una buena idea comprar paquetes grandes cuando la carne está en promoción y congelar lo que no se va a usar pronto. Coma comidas sin carne más a menudo y sustituya la proteína de la carne por frijoles y lentejas.

No tenga miedo de comprar en otras tiendas. Dependiendo de donde viva, puede tener acceso a supermercados étnicos, donde algunos productos pueden ser más baratos. Averigüe en qué días la comida está en promoción y busque cupones para ahorrar un poco más.

Si está horneando, mezcle un poco de azúcar con un poco de compota de manzana sin azúcar para convertir la receta en una receta sin azúcar.

Sobre todo, haz lo que le ayude. Identifique los hábitos y las rutinas que le hagan sentirse más cómodo y empiece por allí para establecer hábitos de alimentación y estilo de vida saludables.

Conclusión

Hemos establecido que los azúcares son perjudiciales tanto para nuestra salud como para el medio ambiente, y hemos discutido sobre lo que hay que hacer al respecto. Los alimentos dulces causan problemas de salud desde las caries hasta la obesidad, e incluso pueden desempeñar un papel en el desarrollo del cáncer y la enfermedad de Alzheimer. Los azúcares agotan nuestra energía y hacen que nuestros niveles de azúcar en la sangre sean inestables. También tienen un impacto significativo en el medio ambiente; un alto precio para pagar por los dulces.

La solución a este problema es comprometerse con una dieta baja en azúcar, comenzando con nuestro plan de desintoxicación de azúcar de 30 días. Comprométase a vivir sin azúcar durante 30 días, y experimentará mayores niveles de energía, una mejor función inmunológica y un humor aún mejor. A pesar de los antojos y de un corto período de abstinencia, verá una mejora significativa en su calidad de vida mental y física.

Al organizarse y planear con anticipación, usted puede prepararse para eliminar el azúcar con éxito. Cree planes de comidas, reabastezca su despensa con alimentos saludables y obtenga el apoyo de quienes le rodeen para comenzar su desintoxicación con el pie derecho.

Ahora conoce todos los hechos. Ya sabe lo que el azúcar hace a su cuerpo y a su mente. Entonces, ¿qué va a hacer al respecto? ¿Va a seguir dejando que el azúcar se coma tu vida? ¿O va a tomar las riendas y hacer los cambios que necesite para vivir una vida larga y saludable?

PALABRAS FINALES

¡Gracias de nuevo por comprar este libro!

Esperamos que este libro sea de su agrado.

El siguiente paso es que usted **se una a nuestro boletín de noticias por correo electrónico** para recibir actualizaciones sobre los próximos lanzamientos de libros o promociones. Puede inscribirse gratis y, como bono, también recibirá nuestro libro "*7 errores de fitness que no sabes que estás cometiendo*". Este libro de bonificación descompone muchos de los errores más comunes de acondicionamiento físico y desmitifica muchas de las complejidades y la ciencia de ponerse en forma. Tener todo este conocimiento y ciencia sobre el acondicionamiento físico organizados en un libro paso a paso le ayudará a comenzar en la dirección correcta en su viaje de acondicionamiento físico. Para suscribirse a nuestro boletín electrónico gratuito y obtener su libro gratuito, por favor visite el enlace e inscríbase: **www.effingopublishing.com/gift**

Finalmente, si usted disfrutó de este libro, entonces nos

gustaría pedirle un favor, ¿sería tan amable de dejar una reseña para este libro? Se lo agradecería mucho. ¡Gracias y buena suerte en su viaje!

Sobre los Co-Autores

Nuestro nombre es Alex & George Kaplo; ambos somos entrenadores personales certificados de Montreal, Canadá. Empezaremos diciendo que no somos los chicos más grandes que pueda conocer y que esto nunca ha sido nuestra meta. De hecho, empezamos a trabajar para superar nuestra mayor inseguridad cuando éramos más jóvenes, que era nuestra confianza en nosotros mismos. Usted puede estar pasando por algunos desafíos en este momento, o simplemente quiere ponerse en forma, y sin duda nos podemos relacionar.

Para nosotros personalmente, siempre estuvimos interesados en el mundo de la salud y el acondicionamiento físico y queríamos ganar algo de músculo debido a las numerosas intimidaciones en nuestros años de adolescencia. Entonces, nos dimos cuenta que podemos cambiar nuestros cuerpos. Este fue el comienzo de nuestro viaje de transformación. No teníamos ni idea por dónde empezar, pero lo hicimos. A veces nos preocupaba y temíamos que otras personas se burlaran de nosotros por hacer los ejercicios de forma incorrecta. Siempre hemos deseado tener un amigo que nos guíe y que nos enseñe lo que tenemos que hacer.

Después de mucho trabajo, estudios e innumerables pruebas y errores, algunas personas empezaron a darse cuenta de que estábamos en mejor forma física y de que estábamos empezando a tener un gran interés por el tema. Esto llevó a muchos amigos y nuevas caras a venir a nosotros y pedirnos consejos de fitness. Al principio, parecía extraño cuando la gente nos pedía que les ayudáramos a ponerse en forma, pero lo que nos mantuvo en marcha es cuando esas mismas personas empezaron a ver cambios en sus propios cuerpos y nos dijeron que era la primera vez que veían resultados así. A partir de ahí, más gente vino a vernos y eso nos hizo darnos cuenta que después de haber leído y estudiado tanto leer y estudiar en este campo que nos ayudó, pero también nos permitió ayudar a otros. Hasta la fecha, hemos entrenado y entrenado a numerosos clientes que han logrado algunos resultados sorprendentes.

Hoy en día, ambos somos dueños y operamos este negocio editorial, donde traemos a autores apasionados y expertos para que escriban sobre temas relacionados con la salud y el acondicionamiento físico. También tenemos un negocio de fitness en línea y nos encantaría conectarnos con usted invitándole a visitar el sitio web en la página siguiente y suscribiéndose a nuestro boletín de noticias por correo electrónico (incluso recibirá un libro gratuito).

Por último, pero no menos importante, si estás en la posición en la que estuvimos una vez y quieres que te guíe, no lo dudes y pregunta.... ¡estarás ahí para ayudarte!

Tus entrenadores,

Alex y George Kaplo

Descargar otro libro gratis

Queremos agradecerte por comprar este libro y ofrecerte otro (tan largo y valioso como este), "Errores de Estado Físico y de Salud que no Sabes que Estás Cometiendo" completamente gratis.

Visite el siguiente enlace para inscribirse y recibirlo:

www.effingopublishing.com/gift

En este libro, analizaremos los errores más comunes de salud y acondicionamiento físico, que usted probablemente está cometiendo en este momento, y le revelaremos cómo puede ponerse fácilmente en la mejor forma de su vida.

Además de este valioso regalo, usted también tendrá la oportunidad de recibir nuestros nuevos libros gratis, participar en sorteos y recibir otros valiosos correos electrónicos de nuestra parte. De nuevo, visita el enlace para registrarte: www.effingopublishing.com/gift

Copyright 2019 by Effingo Publishing - Todos los derechos reservados.

Este documento de Effingo Publishing, propiedad de la empresa A&G Direct Inc, está orientado a proporcionar información exacta y fiable en relación con el tema y la cuestión tratados. La publicación se vende con la idea de que el editor no está obligado a prestar servicios de contabilidad, oficialmente permitidos o de otro tipo. Si el asesoramiento es necesario, legal o profesional, se debe ordenar a una persona que ejerza la profesión.

De una Declaración de Principios que fue aceptada y aprobada por igual por un Comité de la Asociación Americana de Abogados y un Comité de Editores y Asociaciones.

De ninguna manera es legal reproducir, duplicar o transmitir cualquier parte de este documento, ya sea por medios electrónicos o en formato impreso. La grabación de esta publicación está estrictamente prohibida, y no se permite el almacenamiento de este documento a menos que se cuente con el permiso por escrito del editor. Todos los derechos reservados.

La información aquí proporcionada es veraz y consistente, en el sentido de que cualquier responsabilidad, en términos de falta de atención o de otro tipo, por cualquier uso o abuso de las políticas, procesos o instrucciones contenidas en ella, es responsabilidad exclusiva y total del lector receptor. Bajo ninguna circunstancia se tendrá responsabilidad legal o culpa contra el editor por cualquier reparación, daño o pérdida monetaria debida a la información aquí contenida, ya sea directa o indirectamente.

La información aquí contenida se ofrece únicamente con fines informativos y es universal en cuanto tal. La presentación de la información se realiza sin contrato ni ningún tipo de garantía. Las marcas registradas que se utilizan son sin ningún consentimiento, y la publicación de la marca registrada es sin permiso o respaldo del propietario de la marca registrada. Todas las marcas registradas y marcas dentro de este libro son sólo para propósitos de aclaración y son propiedad de los propietarios mismos, no afiliados con este documento.

Para obtener más libros de gran visita :

EffingoPublishing.com

www.ingramcontent.com/pod-product-compliance
Lightning Source LLC
Chambersburg PA
CBHW070908080526
44589CB00013B/1217